解讀阿拉伯

咖啡的故鄉・文學的國度

鄭慧慈 著

國立政治大學
創新與創造力研究中心
Center for Creativity and Innovation Studies
遠流出版公司

| 目錄 |

序

2016年6月突發奇想出版《阿拉伯奇想千年》，記錄個人在阿拉伯世界十餘年的生活經驗，以故事型態呈現阿拉伯人的生活與文化，也將深藏內心的阿拉伯思慕寄託在此書的迪瓦尼書法體阿拉伯文書名 Alf ʻĀm Min ash-Shawq（千年思慕）裡。

《阿拉伯奇想千年》以及2015年出版的《阿拉伯文學史》中所未涉及或未詳述之阿拉伯文化與思想，都盡可能簡易的將之呈現在本書中。本書分為上、下兩篇。上篇敘述阿拉伯人的世俗生活及其蘊含，包含阿拉伯人的食、衣、住、行、生活習慣、傳統價值等文化狀態。下篇敘述精神生活及創意，包含古今阿拉伯人重要的思想成果及其遺留在世人日常生活上的痕跡。各主題尤其著墨於他們與世界主流文化相異的思想與價值，並穿插一些著名的阿拉伯故事及個人在當地生活的經驗，期待能讓讀者輕鬆的了解阿拉伯文化概況。

所謂阿拉伯文化，其實無法全數囊括在伊斯蘭文化之下，其內涵除了伊斯蘭思想價值之外，尚包含許多部落傳統習俗、地域性的民間信念及外來文化傳統的痕跡。而伊斯蘭文化儘管以阿拉伯人的思想為根源，但因伊斯蘭幅員廣闊，隨著文明的發展，自然也不等同阿拉伯文化，譬如所謂「伊斯蘭藝術」便是綜合古代各民族的智慧，經過歷代伊斯蘭思想的淬鍊發展而成。

今日被西方分割成二十二個國家的阿拉伯世界，因為其政治、歷史背景的不同，彼此的文化差異日趨明顯。譬如東非的索馬利亞，儘管古代曾是商業重鎮，今日經濟卻極度疲乏，幾無文化進展可言；極度富裕的阿拉伯海灣國家文化發展正走在世界的尖端，還有許多古文明的阿拉伯國家，如敘利亞和伊拉克正處於戰爭、暴亂的地獄裡，任何發展都停滯不前。

阿拉伯各國文化發展方向，反映它們對西方文化的接受度。整體而言，阿拉伯人似乎早就已經為自己的族群和文化定位，難以被今日強勢文化所同化，在全球化中堅守宗教訓誨，維護傳統價值，反傳統的思維終究無法在阿拉伯世界永續存在。從另一個角度來看，這種堅持讓阿拉伯文化在今日世界顯得突出，且值得珍惜。

〈前言〉

當代阿拉伯國家文化發展概況

新世代的巨流顯得非常快速與徹底，高科技的國家帶動政治、經濟、文化的轉變，引領著世界朝向它的目標前進，讓世界各領域呈現一致化。跟不上腳步的地區，無可避免的被邊緣化。阿拉伯國家在這種衝擊之下，逐漸分裂，許多問題浮上檯面，最嚴重的問題便是文化與思想問題。

「美國化」是今日大多數國家的趨勢，對於執著於維護伊斯蘭價值的阿拉伯國家，這種趨勢無疑是文化的災難，他們採取許多的政策與實際行動來護衛文化的根本。許多知識份子洞悉這股巨流的不可逆，積極的主張利用它，保存傳統的根，讓阿拉伯文化藝術產品流行在國際市場中，使文化躍升為經濟進步的力量。

阿拉伯人的詞典裡，「創意」並非顛覆傳統，而是維護傳統根的創新。有根的創新成為他們獨特的「創意」，譬如他們平日穿的長衫，款式因時代的更替不斷的改變，但是長度依舊，寬度依舊，不透明的界線依舊。西化的阿拉伯人縱使穿西服，裙長總是過膝，肩膀總得遮掩，否則無法登大雅之堂。同樣的，任何前衛藝術家也不致瘋狂的讓模特兒穿上人體彩繪的肉衣站在伸展台上。阿拉伯人內心那道門檻總無法跨越，破壞性的浪漫幾乎不存在他們的文化裡，思想本身凝固成為有秩序的形體。

阿拉伯世界包含北非、西北非和西亞，幅員廣大，國情參差不齊，文化發展往往被經濟力量所牽制，彼此間的差異甚大。各國至今尚未制定具體的文創政策，文化對經濟的助益績效不彰，也無精確的統計顯示文化產業在整體經濟上的比例。許多國家正積極籌劃新的文化政策，從政府、國會以及民間三方面進行，期能提升文化產業的貢獻度。以埃及為例，自 2013 年六月革命之後，許多有識之士開始思考文化政策的重要性，咸認為以文化為依歸的發展，才得確保國家長期的穩定。

埃及專家學者所擬定的文創政策建議書中，政府應負責編列發展文創的預算。[1] 由於文化領域與各部會的職掌都息息相關，政府因此須漸進式的改革文化部，使文化獨立於行政權之外，讓教育部與文化部的工作彼此相輔相成。各部會對文化與思想的措施皆採取一致的立場，並與相關機構彼此協調，發揮各自的效能。尤其落實各級學校的文化、藝術教育，讓文創政策得以在全國各領域施行，並使文化與科技連結，在活絡文創產業上扮演核心角色。

文化部代表文化的掌舵者，扮演支持者及經費提供者，而非文化活動的施行與分配者的角色。透過獨立文化機構的資訊網，強化文化工作，並透過各種方式將這些資訊傳達給一般民眾、學術研究者及觀光客，根除過去政府對思想文化的控制。

國會負責制定與文化工作相關的法律，譬如制定智慧財產法、言論與出版自由法、成立公益公司法規、公共場所的運用法規、文人與藝術家保護法、區域性及國際性協議等，制定公、民營機構及個人的文創發展補助標準，並做客觀的評估，將結果公告，定期調整文創法規。透過修法，刺激文創產業的投資，增強國家與國際文創的競爭力。

民間方面，積極保障文化機構的獨立性，簡化文創產業的流程與分配，私人文化企業使用公眾錢財必須公開，定期公告預算與財務來源，尊重文化工作法，並解放文化工作，維護藝術工作者的工作利益，保障藝術工作的自由與獨立。

阿拉伯海灣地區的文化發展

阿拉伯各國文化的發展特色各不相同。二十世紀末葉以來，阿拉伯海灣合作理事國（GCC），亦即沙烏地阿拉伯、科威特、卡達、聯合大公國、巴林、阿曼等國，憑藉著產油國的經濟實力，著重人文素養的深化。這地區的文化發展，大體上以石油的出現作為分水嶺，今日阿拉伯海灣各國的文化發展成果讓人刮目相看。

沙烏地阿拉伯近年來著重與東、西方接軌，譬如每年派遣留學生到美國唸書，提升國際化程度。國內年輕人都習慣使用新科技產品及網路資訊，許多沙烏地作家也獲得國際肯定。又如 2016 年 9 月，沙烏地文化暨新聞部長訪問中國，沙中雙方討論日後的文創發展策略。不同於其他阿拉伯國家的是，沙國政府明顯重視宗教與品德教育，堅守伊斯蘭價值與文化，成為世界獨特的文化景觀。

二十世紀初第一份沙烏地報紙 Al-Qiblah 發行後，陸續出現 Umm al-Qurā、Ukāẓ、Al-Riyāḍ 等日報及各類型雜誌。沙國因為是伊斯蘭國家的政治、宗教與經濟的領導國，特別重視伊斯蘭文明的發展。國內設有許多研究中心與國際獎，最著名的是「費瑟國王伊斯蘭研究中心」（KFCRIS）著重歷史、文化及國際科學研究，並設「費瑟國王國際獎」，包含人文與科學獎，是國際著名的學術獎機構。「艾卜杜・艾奇資國王研究中心」著重研究歷史文化遺產，出版期刊與書籍，尤其重視沙烏地阿拉伯及海灣的歷史文獻研究，定期舉辦研討會。沙國並贊助世界各地的阿拉伯報章雜誌的發行，以及電視台的設立，如倫敦的 Ash-Sharq al-Awsaṭ、Al-Ḥayāh 日報、MBC、ART 電視台等。此外，沙國政府還出資派遣教師到世界各國從事阿拉伯語文教育或在教育機構設置研究中心，其目的都在宣揚伊斯蘭宗教及思想。「沙烏地阿拉伯文化與藝術協會」並計畫製作影片，在全國各大城市建設放映廳，舉辦短篇小說電影競賽等，脫離不生產電影的年代。對於傳統文化的維護，沙國較其他阿拉伯國家投注更多的努力，譬如充實博物館、發揚傳統服飾、舞蹈和飲食。

科威特的文化發展始於石油出現之後。近年來在培養人才與鼓勵文創上所採取的政策，包含遣送留學團至國外學習藝術，吸取外國經驗，改革學校學科，增設文化課程，增加戲劇音樂、美術等設施與學習場所。每年在學校、社區及公私立文化機構舉辦藝術與文化活動。創辦文化雜誌，讓思想家、文人學者得以發揮創意。科威特根據各阿拉伯國家環境背景的需求，成立文化發展委員會，推行各種文化計畫，出版阿拉伯新思想刊物，並翻譯各國傑出的文學與藝術作品。科威特「阿拉伯國家文化、藝術與文學委員會」致力於發行系列創意的傑出作品，譬如 1978 年的百科全書 'Ālam al-

利雅德費瑟國王伊斯蘭研究中心（KFCRIS），是國際著名的學術獎機構，
該獎被稱之為「阿拉伯世界的諾貝爾獎」。（劉長政攝影）

古色古香的費瑟國王伊斯蘭研究中心一隅。（劉長政攝影）

費瑟國王伊斯蘭研究中心的手抄本修護中心。（劉長政攝影）

Ma'rifah（知識世界）系列。它並發行區域性和世界性的文化雜誌，數量相當龐大。

阿拉伯聯合大公國以境內種族、文化多元為著。目前積極施行的政策是將 al-Shāriqah 公國發展為文化城。全國設有約五十所私人藝術文化機構，設立許多文化協會、志工組織等，每年舉辦「兒童歡慶會」、「阿拉伯戲劇展演」、「兒童戲劇展演」、「青年文學創意展」、「國際書展」等。1985 年阿布達比將原來的文化協會改為「文化中心」，舉辦各種文化活動，譬如畫展、文學會、電影週等，並贊助社會上的文化藝術活動。阿拉伯聯合大公國的私人機構「聯合大公國作家聯盟」，自 1984 年至今經常舉辦國際研討會，出版許多珍貴的藝術與文學作品，被視為聯合大公國的文化平台。聯合大公國尚設立「Zā'id 作家獎」，頒給傑出的新書作者。國內還有其他國際與阿拉伯獎機構，譬如 Sulṭān bn 'Alī al-'Uways Cultural Foundation 是聯合大公國阿拉伯文化獎機構，每兩年頒五個傑出的思想、藝術、文學獎給對阿拉伯文化有傑出貢獻的思想家。

卡達面積很小，海洋與陸地分別成為兩種影響文化的因素。許多人民靠海維生，傳統歌頌海洋的歌謠、舞蹈在民間盛行，譬如描述潛水員的海洋之旅、慶賀他們的歸來等。陸地和海上的商業活動使得卡達人與其他民族融合，產生多元的文化形態。1977 年成立部會，規劃文化事務，建設國家圖書館及其分館、成立民間藝術團隊等。

卡達的報業興起於 1970 年代；1972 年創立 Al-'Arab 日報，1976 年創 Al-Jazīrah 日報，1977 年女性雜誌 Al-Jawharah 創刊，次年 Ad-Dawrī 周刊、 Gulf Times 英文報等相繼出刊，1993 年則有 Saydāt ash-Sharq。卡達最受矚目的文化成就首推 1990 年代成立的「Al-Jazīrah」（半島電視台），今日發展成阿拉伯國家最大政治性電視台，其中立立場與言論自由度享譽國際，卻也因此造成阿拉伯國家執政者的不安。

卡達至 2016 年的國家發展策略，包含經濟、人力、社會等各層面發展。經濟發展多年來在國際上令人刮目相看，其國民所得在世界上經常名列前茅。文化發展則著重在傳統文化復興與伊斯蘭價值復興，每年舉辦「杜哈國際書展」、「文化之橋美術展」等文化活動。儘管卡達政府鼓勵開放思想與創意，但許多內部因素卻阻擾創意的發展，譬如外國人力遠高過卡達國民人數，卡達人普遍對外籍人士不信任，其文化相對也無法影響外國人。由於外國人與外來文化的影響，卡達語言和各方面的文化現象都傾向多元，傳統文化思想逐漸呈現弱勢，凡此都與它的策略相違背。

阿曼在歷史與地緣上和東非的衣索匹亞、厄利垂亞關係密切，在文化語言上也彼此相互影響。1980 年代有大批的巴基斯坦人移民到阿曼，語言與文化上融合多民族的特性。每年 1 月 1 日國家舉辦為期一個月的「馬斯開特歡慶會」，節目內容包羅萬象，有代表傳統民俗與藝術，如劍舞、薩度（貝都因帳篷用毯）編織術、馬賽、駱駝賽、民俗舞蹈、戲劇等；也有呈現當代人的創意與巧思的繪畫、舞蹈、摩托車技術表演、煙火秀、兒童遊樂展等。

2014 年阿曼開始將 Nizwā 城發展為伊斯蘭文化城，將首都馬斯開特發展為文化研究城，在全國各地設立文化協會，積極投資文化建設。此外，推動阿曼國家博物館現代化計畫，運用現代科技，讓博物館十三個展覽區成為了解文化與歷史的窗口。

巴林文化在阿拉伯海灣國家中，文化相對多元。譬如人民的穿著上有西服，也有海灣國家傳統服飾的特色：女人穿著艾巴亞（abā'ah）黑外袍和面紗，男人穿著阿拉伯白袍、戴頭巾和頭箍，或穿著西服。巴林的傳統服飾，保存中世紀巫麥亞及艾巴斯時期的服飾特色，著重刺繡和顏色的表現，異於其他阿拉伯國家服飾。巴林傳統食物也受海島地理環境的影響，常見魚類的烹調，與阿拉伯人肉食習慣的傳統不同。巴林人住宅外型邊緣的設計具有亞述文明特色，拱型的概念與內部設計則具有伊斯蘭建築的特色。巴林對宗教相對寬容，融合許多現代各民族文化，因此國內有許多劇院、音樂團體、繪畫協會、作家協會等。

每年在國家博物館舉辦美術展，一年一度的「巴林之夏」則是每年的藝術盛會，為期一個月。在「巴林之夏」裡可以看到巴林文化的縮影；年輕人穿著西方服飾，展演西洋劍等西方娛樂，一旁是穿著艾巴亞的巴林婦女。如何平衡傳統與現代價值，正考驗現代巴林人及多數的海灣國家人民。

大敘利亞與伊拉克地區的文化發展

大敘利亞地區與伊拉克是世界古文明地區，也是十九世紀阿拉伯文藝復興的先驅。大敘利亞的敘利亞、黎巴嫩、巴勒斯坦，今日因政治、教派的糾紛與鬥爭，情況非常混亂。例如敘利亞原是阿拉伯國家中文化發展最繁榮的地區之一，各城鄉設有文化中心，出版業、影音媒體及娛樂、藝術都引領阿拉伯世界。「伊斯蘭國」崛起後，淪為人間地獄，數百萬居民移民他鄉，造成今日國際最嚴重的難民問題，文化發展自然停滯不前。

令人惋惜的還有伊拉克；兩河流域是人類文明的搖籃，

其文化悠久且紮實，傳承了蘇美、巴比倫、亞述、巴格達伊斯蘭黃金時期等古文明的成就，宗教、政治、思想派別自古更生根於此，現代發展出的詩學、藝術曾傲視阿拉伯世界，國內也出現國際級的藝術、文學家。然而，自 2003 年美國入侵伊拉克之後，伊拉克文化發展一蹶不振。目前因為「伊斯蘭國」極端行為，以及長久以來錯綜複雜的教派、黨派及外國勢力之爭的影響，伊拉克各領域的發展因此蕭條。

大敘利亞國家唯獨約旦尚能維持相對穩定。約旦全國設立三百多個文化機構，計畫性輪流在幾個大城市發展文化建設。譬如 2002 年在首都安曼、2007 年在北部伊爾碧德城、2009 年在薩勒圖城推動文化建設活動，成為一種具創意，從點到面的文化發展政策。政府並建立「全民讀書」圖書館，出版許多具創意的圖書，以非常低廉的價格出售，讓人人都能買得起。全國並推行「活動圖書館」，遍及偏遠的地區，讓所有孩童都有書可讀，養成他們讀書的習慣。每年發掘有創意的作家，頒予國王獎。政府更積極發展與其他阿拉伯國家以及國際間的文化協定，讓約旦得以參與國際文化計畫和活動。

目前約旦文化部長並呼籲發展「博物館文化」，透過推動創意的運用，復興傳統文化，強調人與故鄉的聯繫，推廣高品味、現代化的文化生活。

北非與西北非文化發展

埃及除了能代表世界古文明、伊斯蘭文明之外，也是開創阿拉伯現代文明的國家。不但在出版業、電影、電視媒體相關產業，引領全阿拉伯世界的發展，近年來埃及的文化政策，更在維護古埃及、伊斯蘭、阿拉伯、科普特及非洲文化遺產，結合當代的文化成果，創造活絡永續的文化發展。埃及並實施「文化無中心」政策，使文化發展普及於各城、鄉、鎮。根據各區人口數目、文化計畫案來分配預算，並在維護埃及文化、鼓勵現代創新兩者之間的補助取得平衡。2015年學者提出「世界博物館」計畫，吸引外國投資者，譬如在大型電影文化產業上的投資。2016年埃及政府研究要投注兩億五千萬埃及鎊成立「文創產業公司」，發展埃及軟實力，包含電影、電視、音樂、戲劇、美術、廣告、設計、服飾、手工藝等的發展，企圖將埃及建設為二十一世紀世界文化中心。

突尼西亞一向以融合阿拉伯與法國文化為其特色。在國家文化發展上，突尼西亞設立國家文化中心、國際文化中心、國家舞蹈中心、阿拉伯音樂中心、文明博物館、美術博物館……等許多文化機構，全年舉辦各種不同的文化歡慶會為其特色，包含音樂、藝術、歷史等主題。為了鼓勵文創，對投資於保護傳統文化的機構採取免稅制，非營利買賣的樂器、畫紙等文化產品亦可免稅。

阿爾及利亞政府的所有部會都必須與文化部合作，參與公共文化事務。合作範圍包含文化工作預算、保護遺產、發展文化與藝術教育研究、協助青年文化活動、獎勵地方團體及海外文化工作。政府各單位定期舉辦會議，協調、審視、執行及修正文化政策。中央政府給予地方政府文化發展工作的自主權以及完全獨立的經費來發展文化，允許地方政府透過新聞媒體，取得文化與藝術資訊，讓文化工作地方化，各省、縣市得以成立文化單位接近民眾。政府以財務和技術支援公私立文化機構，協助民間文化機構貫徹文化政策，使各機構扮演文化媒介的角色，將知識、文化與藝術的傳播視為首要任務。文化機構開放予一般民眾，透過舉辦工作坊及座談會，改善文化機構的功能。

摩洛哥是個多元文化的國家，人種、語言也因歷史文明因素而多元，除了阿拉伯人之外，還有柏柏人、歐洲人、腓尼基人、猶太人等，目前多數摩洛哥人都承認他們的柏柏人屬性，並保存中世紀安達陸斯的文明特色。他們的文化因此和其他阿拉伯國家差異甚大，無論是穿著、食物、藝術都獨樹一格。譬如他們至今仍習慣穿當時安達陸斯藝術家「黑鳥」所穿著的寬鬆袍子，他們的建築屋頂和家具往往有精細紋飾的木刻。然而，二十世紀末以來，摩洛哥在文創上的投注經費甚低，造成文化產能低落。

註釋

1 以下以二十五位專家學者組成的「埃及國家文化政策團隊」的文創政策建議案為例。

上篇

世俗生活
及其蘊含

阿拉伯傳統風味的餐廳，具有伊斯蘭拱型門窗的建築特色。我依稀聽到餐廳的一角，歌手昂著頭，彈撥魯特琴弦，兩眼遙望著彼方，雲遊在他情人的故居裡。（周明廷攝影）

清晨的漢．卡立立（Khān al-Khalīlī）傳統市集猶如洗盡鉛華的婦人，你難以想像開市後的人潮及琳瑯滿目的商品會是什麼情景。阿拉伯傳統市集是每一個阿拉伯人家鄉的記憶，在這裡幾乎可以用便宜的價格買到所有生活用品。走在狹長的小道上，有如漫步在天堂，沒有階級、地位、貧富之分。漢．卡立立市集歷史超過六百年，是了解埃及人和埃及文化最好的場所。市集裡「費薩維咖啡廳」是諾貝爾文學獎得主馬賀夫若（Najīb Maḥfūẓ）經常駐足之地，市集的故事也是他小說裡的故事。（王經仁攝影）

Chapter 1

飲食文化

「食」是阿拉伯人禮儀與思想的根源；沙漠遼闊且充滿無法預料的危機，生活非常不容易，隨時可能因飢餓和乾渴而奪走人類脆弱的生命。因此，阿拉伯人對於維持生命的飲食，自然有其獨特的態度。

阿拉伯式風味餐飲

阿拉伯世界人們的飲食可以分成幾種類型，第一類是住在沙漠裡的貝都因人，他們與外界接觸困難，靠牲畜的肉與奶維生。第二類則是住在鄉村的居民，有蔬果可以搭配肉食，發展出阿拉伯主食烹調藝術。第三類是靠海維生的海邊居民，習慣烹食海鮮。另外便是城市居民，他們因交通方便而得以發展綜合性的食物。然而，阿拉伯人的祖先是沙漠的遊牧民族，他們絕大多數至今仍保存傳統的肉食習慣。

沙漠生活養成的飲食習慣，至今仍然存在於絕大多數的阿拉伯社會中。他們因沙漠生活而傾向肉食，尤其是羊肉、羚羊肉、野兔肉、鳥類的肉。動物的奶和油象徵著純阿拉伯式的食物，從這兩者再製造出如乳酪等食物。

古時候他們不愛吃駱駝肉，因為駱駝是他們賴以維生的工具，往往存著感情，有如農村社會靠牛耕種的華人不忍吃牛肉一般。今日駱駝肉成為普遍的佳餚。烹調肉食的方式主要是水、鹽巴和各類香料，也喜歡吃烤食，而就像他們喜歡肥胖的人一樣，普遍喜愛肥肉。在沒有冰箱的時代，他們常會醃製肉類來保存，譬如葉門人會用醋來保存肉類，據說會讓肉質常保鮮美，不會腐壞。

麵粉是他們的主食，過去用大麥製成，後來在沙漠中種小麥，麵粉便用小麥製造。他們用麵粉做成各種麵食，尤其是 pita 餅，成為三餐的主食。現在阿拉伯人的午餐除了餅之外，通常也吃使用米、鹽、香料和動物油烹調出來的飯以及肉類。植物性的食物則喜歡沙漠的野菇，形狀雖醜陋但具有高營養價值。番茄、小黃瓜、四季豆、菠菜等是他們常吃的蔬菜；水果則以椰棗、葡萄為代表。

椰棗在不同成熟的階段有不同的名稱，從這些名稱中可以體會到它與阿拉伯人的淵源深遠。齋月黃昏吃開齋餐時，他們會先吃椰棗，吃完飯也是以椰棗結束一餐。阿拉伯語裡有關椰棗與棗椰樹相關的諺語非常多，譬如：「並非每種黑

廚房裡揉麵做大餅的女人。左邊是烤大餅的鐵鍋，大餅是米飯之外的主食，剛起鍋熱騰騰的大餅有如台灣下午三、四點的麵包，窮人、富人都喜愛它。（周明廷攝影）

豐盛的早餐。豆泥是阿拉伯人的最愛，大餅、番茄、小黃瓜餐餐都不可少。（王經仁攝影）

沙威瑪已經成為國際食物，但最令人難忘的是裡面的酸奶、醃小黃瓜和橄欖，台灣可吃不到真正的沙威瑪。（王經仁攝影）

街頭賣甘草汁的埃及男孩。酷熱的夏天在街頭來一杯清涼的甘草汁，益處豈止是解暑；埃及人深信它對消化系統疾病的療效，用它治療肝病和腸胃病，因其味甘甜，古時候埃及醫師也將它放在苦澀的藥裡。一般沿街賣甘草汁的人身上要背負甘草汁、數個玻璃杯和一壺洗杯水，你不得不佩服埃及人的耐苦。（王經仁攝影）

有「紅海新娘」之稱的吉達城是沙烏地阿拉伯的金融與觀光中心，中東最富有的商業城，也是紅海岸最大的商港。城內除了處處可見摩天大樓，擁有許多世界第一的建築，如世界最大的大學城、世界第一座海上清真寺、世界最高的噴泉、世界最高的旗竿、世界最高的螺旋建築、世界最高建築之外，城內還有許多古蹟，你或許難想像夏娃的墳墓座落在此。圖片是吉達舊城址內的傳統椰棗店，各種椰棗因產地不同價格參差，最上等的椰棗是麥地那棗。（劉長政攝影）

色都是椰棗，也非每種白色都是肥油」，表示不能以偏概全，又如：「要在每個地方種植棗椰樹」，表示人要廣結善緣，強調人際關係的重要。「莫探究椰棗」，表示對事情不要追根究柢，因為事實真相常會與表象不同。「你在吃椰棗，人們已經在準備食物」，表示凡事都要小心，莫輕忽。

葡萄則是具有古老情感的中東水果，阿拉伯語「酒」（khamr）一詞的原意便是「葡萄汁」。飲酒在伊斯蘭以前象徵著尊貴的身分，阿拉伯人的解夢學裡，夢見吃葡萄表示疾病將痊癒。

今日阿拉伯人除了肉類烹調之外，有幾道常吃的代表性蔬菜佳餚，如麻芛（al-mulūkhīyah）、豆類製作的法拉菲勒（al-falāfil），兩者都源自埃及法老時期。前者有黏稠性，他們習慣用蒜爆香，和肉類用小火烹煮成可口的濃稠湯。而台灣人在處理麻芛的過程，往往會裝在袋裡搓揉後再烹煮，程序上較為繁複。法拉菲勒是豆泥炸成的扁圓形深咖啡色丸子，今日已成為國際食物，世界各大城市的小店裡都可以品嚐到。

阿拉伯各國有其代表性的傳統主菜，譬如沙烏地阿拉伯的「克卜薩」（kabsah）是用巴基斯坦米和香料、動物油調製而成，上面覆上烤雞肉或羊肉，飯裡有各種食材，再撒上金黃的杏仁、葡萄乾、椰棗、檸檬等。巴勒斯坦有類似的主菜「馬各陸巴」（maqlūbah），約旦有「曼薩弗」（mansaf），北非與西北非的阿拉伯國家有「庫斯庫斯」（kuskus）……等。他們都在午餐、節慶或齋月的黃昏第一餐才吃主菜。

伊斯蘭對穆斯林的「可食」（ḥalāl）與「禁食」（ḥarām）的飲食加以規範：「禁止你們吃自死的、血液、豬肉，以及誦非真主之名而宰殺的、勒死的、跌死的、觸死的、野獸吃剩的，但宰後才死的則可以吃，禁止你們吃在神台上宰殺的。」（5: 3）[1]「誠信的人們，喝酒、賭博、拜偶像、求籤是惡魔行為的穢行，故當遠離，以便成功。」（5: 90-91）酒與豬肉是禁止的，也不食帶殼的食物，如螃蟹與蛤蠣等，宗教對飲食的規範，常因學者的解釋而有細節上的差異。

謹守用餐儀節

阿拉伯人傳統的飲食習慣是圍著大型圓盤席地共食。這個傳統大圓盤稱之為「中國盤」，與十五世紀中國外銷到伊斯蘭世界的大瓷器圓盤有很深的淵源，故稱為「中國盤」。今日許多沙漠及鄉村居民還是維持這種傳統，但城市居民大多不圍盤而食，而是像西方人一樣使用長型餐桌，用金屬湯匙吃飯。在沙漠裡的貝都因人和鄉下人多數不使用餐具，還是用手吃飯。

餐宴時，主人要先請客人和年長者就坐，客人要等主人說「奉主之名」才能開動。主人帶著客人先開動，但他不得先結束用餐。用餐要避免趁熱吃，咀嚼時要閉闔雙唇，忌左右手一起使用、啃骨頭、吃旁邊人前面的食物等。客人最忌諱在某個人家吃過午餐，又在另一家吃午餐，這種行為會讓第一位主人顏面盡失。一旦發生此事，第一位主人可以控告這位客人。禮儀上，主人無論多麼盡心款待客人，嘴上都會說：「請原諒我們未盡地主之誼。」有客人在家時，主人不得生氣斥責家人，以免客人誤以為不受歡迎。

伊斯蘭規定吃飯要用右手，如廁要用左手。[2] 聖訓對用手吃飯的禮儀也做了規範，要穆斯林用三個手指吃飯，整隻手去抓飯便是貪婪。[3] 穆罕默德並規定飯前、飯後要洗手，因為手是病菌之源。[4] 規定吃飯時要有禮貌，不得用嘴吹食物、不得吃別人面前的食物、口中有食物不得說話。此外，不要留太多食物在自己盤子裡，因為浪費食物是可恥的行為。最重要的是不得貪食，穆罕默德要人們吃喝七分飽便足夠了。[5]《古蘭經》也說：「你們吃，你們喝，但莫過度！」（7: 31）

九世紀阿拉伯人統治西班牙時期，一位從艾巴斯政權首

阿拉伯人好客，習慣把餐桌擺滿食物。一道主菜，旁邊擠滿了邊菜，譬如豆泥、炸物、醃製食物、各式各樣的沙拉等，但我從未見過客人能把食物全部吃完。幾十年後腦海裡總有那麼一席阿拉伯菜餚，它可能是貝都因人帳篷外圍圓盤而坐的羊抓飯，更常出現的則是圓盤一隅的孩童，滿臉的酸奶混著番紅花染黃的飯粒。（劉長政攝影）

用餐時間挽留客人吃飯是基本禮貌。傳統的用餐習慣是大夥兒盤坐在地上，使用右手飲食。保守的家庭裡，男女客人分區用餐。隔壁間彷彿坐著年輕的我，身旁圍坐的是鄉下的朋友，朋友貼心的在我裙子上覆蓋一條毛毯。（傅怡萱攝影）

都巴格達移民而來，膚色黝黑的音樂家奇爾亞卜（Ziryāb，意即：黑鳥）[6]，將他的藝術天分運用在生活上，提升了當時人們的生活品質。今日西班牙哥多華街道上還建有他的紀念雕像。在黑鳥的影響之下，社會上凡說話談吐、飲食起居都興起一股追求高雅品味的風潮。黑鳥講究餐桌上的禮儀和擺設，譬如飲食要優雅、要細嚼慢嚥。他對餐盤器皿及桌巾的款式、質料都有細緻的研究，認為玻璃餐具實用、美觀且經濟，勝過金器或銀器，認為皮革桌布比布料更容易清洗。他並鼓勵人們使用各種餐巾，因不同用途而分類。呈上餐點的次序要先上鹹的熱湯，然後才是肉類或海鮮主菜，主餐用完才能呈上水果和甜點。他認為肉類若要烹調得好，必須使用上等香料，高級點心要使用蜂蜜、堅果作為填充，做成麵食甜點或是派。他認為食物的視覺效果會影響食慾，因此重視食材色彩的搭配。

黑鳥所建立的飲食習慣，譬如先喝湯，再食用沙拉、肉食、水果、甜點的次序，各式餐巾的使用等，由西班牙引進其他歐洲地區，影響西方飲食文化至今。

無香料則不歡

人類的嗅覺和味覺記憶，經常引領他們回歸原始的純

有人說：吃甜食讓人感覺快樂。或許因為如此，阿拉伯人絕大多數是樂天派，他們的甜點花樣多，卻有個共同點：甜到糖汁都能留在嘴裡、盤底還有心底。我的經驗是一小塊可以忍受，吃多了會讓人感覺頭昏腦脹。唯一的好處是，你的雙眼總能充滿歡愉。（周明廷攝影）

真。聰明人會善用人類這種天性，讓社會充滿愛和溫馨。

阿拉伯食物使用許多香料，沒有香料的食物幾乎就不是阿拉伯食物。他們烹調食物通常放「七香」。最著名的「七香」是肉桂、胡椒、香菜、荳蔻、番紅花、丁香、小茴香。不同地區的阿拉伯人各有其特殊的喜好，譬如沙烏地阿拉伯人喜愛在肉類及甜點烹調上放肉桂和番紅花。阿拉伯食物因濃郁的香料味道，而很容易融入記憶裡。

中世紀香料非常昂貴，價格可比金、銀、珠寶，只有貴族才買得起。法國教堂繳稅便常以香料來計算，奴隸要贖身或英國船隻要進入魚市場，也以胡椒來繳付。中東地區的香料，尤其是肉桂和胡椒，歷史可推溯至亞述帝國時期，當時人們在食物裡添加香料提味，也使用香料治療疾病。在宗教神話裡，衣索匹亞薩巴女王到耶路撒冷拜訪所羅門王時，便攜帶大量的香料作為禮物。擅長貿易的腓尼基人更遠赴印度運載香料，然後賣給埃及法老王，從中賺得極大利潤。許多香料的原產地是亞洲，尤其是中國和印度，透過絲路，西傳到地中海地區。在伊斯蘭興起之前，埃及亞歷山卓便是香料貿易重心。七世紀中葉阿拉伯人征服亞歷山卓之後，該城多數的香料商人便是阿拉伯人。中世紀阿拉伯商人幾乎控制中東到印度的香料市場。當時威尼斯是歐洲與中東的香料貿易

傳統的香料店，右下角是沙烏地阿拉伯名菜 kabsah 所使用的香料。（傅怡萱攝影）

一般大型超市會有香料區，任何城鄉也會有香料專賣店。對阿拉伯人而言，沒有香料的食物似乎不能稱之為食物。別小看這些不起眼的色彩，它們會刻印在記憶裡，有如油畫一般，永不退色。（周明廷攝影）

中心，威尼斯釀造的酒裡都摻入香料，增加香味。另一個香料來源則是葉門，阿拉伯人薰香用的香料，便透過這條路線運到大敘利亞地區。

十一世紀末十字軍佔領耶路撒冷後，西方人受到阿拉伯飲食習慣的影響，歐洲人引進許多阿拉伯廚師，阿拉伯飲食文化因此西傳，香料的功效也傳到歐洲，成為歐洲醫師的處方。

由於香料普遍受大眾喜愛，西班牙、葡萄牙、荷蘭和英國在十六世紀隨著航海家發現印度之後，取代了阿拉伯人，控制昂貴的香料市場長達三個世紀之久。葡萄牙並成立亞洲香料基地，然而歐洲人卻始終無法控制紅海的港口。英國殖民印度期間，壟斷了印度到中東的香料道路，直到世界各地都種植香料之後，香料價格才下降。

世界最早的咖啡

◆阿拉比卡＝阿拉伯

咖啡一詞源自古老的部落社會，在伊斯蘭之前，此詞是「酒」的名稱之一，在古詞典《阿拉伯人的語言》（*Lisān al-'Arab*）裡，此詞意即「酒」，其詞根qahā意為「喪失食慾」。咖啡借用酒的詞彙，在於兩者顏色相仿，或因兩者都會讓飲用者沒有食慾或精神上起變化。英文 coffee 便是來自阿拉伯語的 qahwah。早自蒙昧時期，阿拉伯詩便經常以 qahwah 來表達「酒」，譬如詩人阿厄夏（al-A'shā Maymūn bn Qays）在詩裡便說：

我倚靠著，
和他們爭折羅勒枝（妙語如珠），
苦澀的 qahwah，
濾器還濕著。

十世紀的穆斯林學者醫師剌奇（ar-Rāzī）最早在他著名的醫書《醫學總匯》（*Al-Ḥawī fi aṭ-Ṭibb*）裡提及咖啡豆。十一世紀伊本・西納（Ibn Sīnā）也在他廣為流傳的名著《醫典》（*Al-Qānūn fi aṭ-Ṭibb*）裡，將咖啡豆列入七百六十種藥材之一。[7]

今日對於飲用咖啡的來源有很多不同的說法，阿拉伯人認為十五世紀衣索匹亞或葉門地區，一位牧羊人發現他的羊群屢次吃過一種植物後便會活潑亂跳，人們於是發現咖啡可以提神，衣索匹亞人最初便是生食咖啡。由於衣索匹亞與葉門地區往來頻繁，後來透過阿拉伯人引進亞美尼亞、波斯、土耳其、北非等地，再由伊斯蘭世界傳入歐洲和美洲。葉門或衣索匹亞應是咖啡豆的原生地，葉門人最早將咖啡豆烘培為食材。最著名的 Arabica 指的便是葉門阿拉伯咖啡，摩卡（Moch）咖啡則溯源於葉門摩卡港（Mocha Port）。

十五世紀中葉之後咖啡傳入阿拉伯半島北部，即今日沙烏地的息加資（俗稱漢志）地區。將咖啡引進阿拉伯半島的是一位葉門亞丁的官員。因為他與非洲衣索匹亞有生意往來，將咖啡由葉門傳進阿拉伯半島。咖啡傳到麥加時，遭到一派宗教人士的杯葛，他們將咖啡列為如酒一樣的飲料，認為它會削弱人的理智。因此，咖啡在麥加的發展狀況時好時壞，曾經一度被宗教禁止，違禁者甚至會被監禁或當眾遊街鞭打。直至近兩、三百年，咖啡才百無禁忌的在沙烏地阿拉伯全國盛行。

咖啡在葉門一直無法發展，因為當權者認為這種有提神作用的飲料，有違傳統觀念所標榜的英雄精神而極力反對。前述葉門官員後來離開官場，轉變成蘇菲行者，飲咖啡的習慣因此流行於蘇菲圈內，幫助他們熬夜行儀。葉門社會高層也開始流行喝咖啡，並逐漸散布在學術圈中。

咖啡傳到埃及之後，幫助在阿資赫爾（al-Azhar）大學的學生熬夜讀書，而流行於埃及學術圈，但因為咖啡有提神的特色，遭到一些宗教人士的禁止。咖啡由阿拉伯半島和埃及傳到土耳其，再傳到歐洲。十七世紀中葉倫敦第一家咖啡館開幕，雖然在歐洲也有反對咖啡的聲音，但比起阿拉伯半島的狀況輕微。

◆喝咖啡的學問

咖啡禮儀起源於部落，如敘利亞、阿拉伯海灣地區，尤其是沙烏地阿拉伯的部落社會。部落人們發展出獨特的煮咖啡方式及品飲咖啡的禮儀。

阿拉伯人視咖啡為慷慨的象徵，他們會舉行咖啡聚會，買最好的咖啡壺以象徵地位與聲望。阿拉伯咖啡壺通常是用銅、銀或其他高級金屬製作，起源於伊拉克，流傳到大敘利亞及沙烏地阿拉伯。著名的咖啡壺有「麥加咖啡壺」、「古雷須咖啡壺」、「阿曼咖啡壺」、「巴格達咖啡壺」等。最上等的則是「巴格達咖啡壺」，其價值猶如華人圈中名貴的茶壺，許多咖啡壺是包含咖啡杯整組販售。阿拉伯咖啡壺有很長而彎曲的壺嘴，中間部分較窄，如女人腰身一般，壺蓋外形如尖塔。

阿拉伯咖啡壺可以在炭火上或炭火旁邊烹煮，呈給客人時倒入較為優雅與氣派的壺裡。都市人在烹調傳統咖啡時，

阿拉伯咖啡壺，形狀猶如戴高帽、抬頭挺胸的淑女。或許你能從它們的色澤、質料和形狀分辨它們的家世，富貴與貧賤命運懸殊。煮傳統阿拉伯咖啡，使用高級炭是一種品味，右側裝飾的是薰香用的香爐，為訪客薰香是傳統迎客禮儀。世人吸食大麻讓自己進入另一個虛幻世界；阿拉伯薰香讓自己回歸大漠的璞真。（周明廷攝影）

往往煮好之後注入瓷壺或其他金屬壺，再呈給客人。傳統阿拉伯咖啡不放糖，北阿拉伯人會加入荳蔻、番紅花、茴香、丁香、肉桂、薑和其他香料，煮成泛黃綠顏色的咖啡，咖啡豆的比例並不高且通常不會烘培得太久。阿拉伯人公認沙烏地阿拉伯的咖啡是最上等的阿拉伯咖啡。

傳統禮儀中，品飲咖啡有其規矩。客人進屋後，主人或其僕人首先必須奉上咖啡給客人，這是一種表示歡迎的基本禮儀。客人若見主人親自倒咖啡，必須有所節制。只喝一杯表示對主人的敬意，喝第二杯表示他很自在，喝第三杯表示願意持劍護衛主人。因此客人喝一、兩杯是禮貌的，喝第三杯就越界了。若是男主人不在，女主人奉上咖啡，則只能喝一杯，以表敬意，喝第二杯便是對女主人的輕挑和藐視。

若斟咖啡的是僕人，客人一進門便可盡情飲用，僕人會一直不停地為客人服務，通常每次倒的量僅是兩三口。咖啡杯圓形無耳，上寬下窄。客人只需將喝完的空杯左右搖晃，表示「謝謝」，執壺人就不會再倒上另一杯。外地人到沙漠作客常因為不了解這種習俗，還回咖啡杯時沒有搖晃杯子，又不知如何表達而讓脹滿咖啡的肚子苦不堪言。執壺人倒咖啡的方式是右手執杯，左手執壺，源自「右尊左卑」的傳統觀念。右手持杯呈給客人，表對客人的敬意。禮貌上，執壺人應站著替客人倒咖啡，由右邊的客人開始輪到左邊，直到全部客人都喝過才可坐下。若座席中有年長的女性，則須由她開始輪倒咖啡。

沙烏地有些地區，主人在倒咖啡時僅倒五分滿，因為一旦倒滿就表示對客人的侮辱。有些地區恰好相反，客人在作客前要先了解當地習俗。倘若是喜慶場合，譬如婚禮，執壺人倒咖啡時，會故意將右手的一疊杯子輕輕互相碰撞，發出聲響，表達喜意或藉此喚醒心不在焉的客人。在哀悼場合，執壺人倒咖啡時，必須小心翼翼，不發出聲響，以表哀傷。

傳統習俗裡，倘若客人有事相求於主人，會將咖啡擱置於地上不喝，主人見狀會問他有何需要？當客人獲得主人願意協助的承諾之後，必須將咖啡喝盡。主人若視而不見，消息便會競走，臭名遠播。別人喝了請託的咖啡，形同一種承諾，更象徵著個人的信用，是無法毀壞的。當然，客人若提出不合理的要求，也是對他本人聲譽的傷害。咖啡象徵部落社會微妙的人際關係。

待客之道

◆歌頌慷慨

到阿拉伯人家裡作客，會打從心底感受到他們的熱誠，作客如同回家一樣的自然。阿拉伯語「歡迎」一詞在逐字的翻譯上是「家人且容易」。詞句的結構非常奇特，其實是兩個句子的組合：「（你下駱駝落腳在我家，便是我的）家人」及「（你住下來要感覺像在家一樣的）容易」，二詞都使用受格位。在阿拉伯語言裡，受格是一種強調語氣或激情的表達方式。詞意上沒有「歡樂」、「高興」等字眼，而是充滿務實與誠懇。畢竟何處比家更充滿愛，比家更感覺舒適、容易？

在傳統觀念裡，主人款待客人是義務性的，至今這種習俗仍然存在沙漠的部落社會及鄉村裡。主人必須由衷歡迎客人下榻家中，無論客人何時抵達，都須立即奉上家中現有的食物和咖啡。緊接著準備歡迎大餐，邀請鄰居與親友，一同歡迎客人。三天義務性的供應客人生活所需、提供最佳的飲食、緘口不問客人私事，將客人視為國王一般的款待是主人的責任。三天後要協助客人解決困難，不但要傾囊相助，即便折損聲譽、甚至拋棄生命也在所不惜。畢竟沙漠居民存活不易，主、客的角色隨時可能互換，原是主人的他，也會接受這種義務性的款待。貝都因人便有一句諺語表達對待客人所應具備的禮儀：「就像阿米爾來了；像俘虜待著；像詩人站起來。」其意是對待客人要像是國王來到家裡一般的尊崇他、禮遇他；客人要像俘虜一樣，沒有主人的允許不得擅自離去；主人對待客人熱誠或怠慢，會被人們像詩一般的讚頌或貶責。

「慷慨」是部落社會所尊崇的品德，一個「慷慨的人」在語言上與「君子」、「高尚的人」都稱之為 karīm。穆罕默德把這種優良傳統法制化，他曾說：「你們到別人那兒作客，當主人提供你們款待客人的義務時，你們要接受。若他們沒盡責，你們就索取身為客人應得的權利。」[8]他也說：「誰若誠信阿拉及最後審判日，就要日夜款待他的客人……款待客人三天，超過三天就算是捐獻。」[9]

伊斯蘭早期這種不忍同胞無助、挨餓的同理心，顯現在許多執政者的言行裡。七世紀正統哈里發烏馬爾（'Umar bn al-Khaṭṭāb）夜訪民情時，見一婦人在火上煮東西，旁邊兩個小孩在哭鬧，便湊上去看她煮些什麼？他看到鍋子裡竟是一顆石頭，婦人不停地攪動鍋子。烏馬爾驚訝的問她原因，她說孩子們兩天沒吃東西，餓得哭鬧，為了讓他們安靜，只好煮石頭，哄他們說食物還沒熟，他們聽到聲音便能安靜地睡著。烏馬爾很是自責，親自到市場買了麵粉和食物回來煮給孩子們吃。又如穆罕默德有一個門徒，他的家族世代都非常慷慨，有人對這家族的蓋斯（Qays bn Sa'd）訴苦說，家裡老鼠已經絕跡，蓋斯立刻請人送去許多的肉、油、大餅和椰棗。[10] 此後「老鼠已絕跡」便是表示一個人的生計困窘。在阿拉伯解夢學裡，夢見老鼠搬離家宅也是代表窮困。

阿拉伯人有一句諺語：「比哈提姆還要慷慨。」用來讚美一個人的慷慨德性。六世紀詩人哈提姆（Ḥātim aṭ-Ṭā'ī）經常自己窮困潦倒，卻樂於傾囊救濟別人，他的妻子幾度因家中三餐不濟而休夫。伊斯蘭以前阿拉伯女人若想要與丈夫離異，僅需把家門的方向改變便可。儘管如此，卻無法改變哈提姆過度慷慨的本性，譬如有客人聞名來訪，他的羊群正放牧在遠處，遠不濟急，他便宰了和他形影不離的馬兒來款待客人。

歷史上像哈提姆一樣慷慨的人不勝枚舉。七世紀流浪詩人烏爾瓦（'Urwah bn al-Ward）經常在災荒年贊助窮人和弱勢者，因此人們稱他為「窮人之父」。穆艾維亞（Mu'āwiyah bn Abī Sufyān）哈里發便曾說，倘若烏爾瓦有兒子，他願意將女兒嫁給他。又如艾剌巴（'Arrābah al-Awsī）眼盲，卻樂善好施，有客人來求助，他雖已家徒四壁，但還是將平日照料他生活的貼身僕人送給求助者，被認為是慷慨發揮到極盡的人。[11]

這些人在歷史上名留千古不純粹是因為他們「慷慨」，

而是他們的「窮困」與「好施」集於一身，凸顯貧窮人的高尚。歷史對於這層面的關注尤其多，譬如著名的詩人阿厄夏路過一村，邂逅貧苦的人，這窮人慷慨的款待阿厄夏，阿厄夏感念此人，吟詩讚美他的美德。由於阿厄夏的名氣，窮人的女兒原本都與婚姻無緣，自從阿厄夏吟此讚頌詩之後，一年之內全部出閣。

住在沙漠裡的貝都因人為了因應險惡的沙漠環境，建立彼此相互依存的價值文化。夜晚時會在帳篷前方用枯樹材生火，指引迷途的旅人或引來旅客。貝都因人平日搗咖啡豆的節奏聲音，也逐漸成為呼喚沙漠旅人來作客的象徵。有些比較富裕的人家，白天會派人到高處，呼喚人們來家裡作客，夜晚會生火引導旅客。

貝都因人習慣飼養狗，狗的任務除了看管羊群等牲畜之外，尚有額外的救援任務。迷路的旅人若遭逢絕境，會學狗吠，附近若有人家，狗便會回應旅人的吠聲，循聲音救援迷路或瀕臨死亡的人。狗兒一旦尋獲旅人，當主人宴請落腳的旅客時，會犒賞這隻狗一大塊肉。

阿拉伯人所謂的「慷慨」，是這種誠懇、由衷的施予及慈悲的同理心。至今此價值觀依然存在沙漠及鄉村社會裡。部落族人往往競相款待客人，爭議激烈時，由部落法官決定，通常最公平的決議是輪流款待客人。

◆斥責吝嗇

慷慨的反面，吝嗇，始終是最受阿拉伯人詬病的德行，如同稱頌慷慨一樣，他們也斥責吝嗇，將吝嗇分二類，分別給予不同的名稱。其一是對自己慷慨，對他人吝嗇；其二是對自己和他人都吝嗇，後者最不可取。文人對吝嗇人的批評不勝枚舉，譬如：「寧死也不要去訪吝嗇鬼。」

《古蘭經》明文禁止人們吝嗇：「至於對錢財吝嗇，自稱無求，且否認至善者，我將使他達到最困難的結局。當他毀滅時，錢財對他何益？」（92: 8-11）並且要求穆斯林用錢要取「中庸」之道：「那些用錢不浪費的人，用錢不吝嗇的人，介於兩者之間是中庸的。」（25: 67）穆罕默德也曾說：「主啊！我求你讓我免於無能與懶惰，免於懦弱與吝嗇」[12]、「吝嗇的人不會進天堂」[13]、「吝嗇是生長在火獄裡的樹」。[14]

艾巴斯時期文學泰斗加息若（al-Jāḥiẓ）曾寫《吝嗇鬼》（*Al-Bukhalā'*）一書，諷刺當代吝嗇的名人，公開在書中揭發他們的吝嗇行為，流傳至今成為茶餘飯後的笑話。哲學家佳撒立（al-Ghazzālī）在他著名的書《宗教學復興》（*Iḥyā'*

'Ulūm ad-Dīn）的〈貶斥吝嗇與愛財〉（Dhamm al-Bukhl wa Dhamm Ḥubb al-Māl）一篇中，有很大的篇幅在敘述吝嗇鬼的故事。譬如有一個巴舍剌人在鄰居家作客，吃了很多油膩的食物，又喝很多水，以致肚子膨脹到無法呼吸，醫生前來看診，要求他吐掉一些食物，他說：「我寧死也不會這樣做。」[15]

二十世紀文壇中最著名的吝嗇鬼是「戲劇之父」赫齊姆（Tawfīq al-Ḥakīm）。他對自己擁有現代阿拉伯人「最吝嗇」的名聲沾沾自喜，因為沒有任何人或慈善機構敢來向他要求施捨。赫齊姆說，他最恨的事是被尊稱為「文學之柱」的文豪拓赫・胡賽恩（Ṭāha Ḥusayn）在延攬他為「阿拉伯語言協會」成員的慶祝會上，對全體與會者說：「我要告訴大家，赫齊姆絕不是一個吝嗇鬼。」[16]

詩人胡太阿（al-Ḥuṭay'ah）被認為是最吝嗇的阿拉伯人。他的經典吝嗇故事是，某天有人路過他家，他手裡拿著一根粗棍子站在家門口，此人說：「我是客人啊！」胡太阿回道：「這棍子就是為客人準備的。」排名第二的吝嗇鬼是阿爾格圖（Ḥamīd al-Arqaṭ）。有一群客人到他家，他端出椰棗果核請他們。第三名是語言學家阿布・阿斯瓦德（Abū al-Aswad ad-Du'alī），有一天他施捨給窮人一顆椰棗，並對他說：「願阿拉在天堂給你一顆像這樣的椰棗。」第四名是伊本・沙弗萬（Khālid bn Ṣafwān），有一天他對著一個銀幣說：「我會永遠把你關在這箱子裡」，然後把箱子牢牢地鎖住。[17]

註釋

1 此符號代表《古蘭經》第 5 章，第 3 節。後文皆如此表示，譯文則參考馬堅及其他華語版本，必要時做一些調整。

2 Muslim (2020).

3 Ibid. (2034).

4 Abū Dāwūd (3761).

5 聖訓：「對人類而言，填滿任何器皿都沒有比填滿肚子更糟。人只要吃支撐身體的食物就夠了。如果必須得吃，那就吃三分之一，喝三分之一，三分之一用來呼吸。」參見 Ibn Ḥanbal (16556),

6 有些學者認為此詞與黑色無關，而是如夜鶯一般聲音姣好的鳥兒。

7 http://thawra.sy/_print_veiw.asp?FileName=95268527420140822205013 (2016/7/10 瀏覽)

8 Ibn al-Ḥajjāj 1998, p. 719.

9 Ibid.

10 Ibn Kathīr, 2003, vol. 8, p. 99.

11 Ibn ʻAsākir, vol. 49, pp. 419-420.

12 al-Bukhārī (4707), 1992.

13 Ibn Ḥanbal ash-Shaybānī (13), 1313AH.

14 al-Baghdādī, k-tab.net, p. 48.

15 http://al-hakawati.net/arabic/Civilizations/35a27.pdf , p.17 (2017/6/26 瀏覽)

16 http://www.tahrirnews.com/Posts/printing/515136/%D8%AA%D9%88%D9%81%D9%8A%D9%82-%D8%A7%D9%84%D8%AD%D9%83%D9%8A%D9%85+%D8%B7%D9%87-%D8%AD%D8%B3%D9%8A%D9%86+%D8%A3%D9%86%D9%8A%D8%B3-%D9%85%D9%86%D8%B5%D9%88%D8%B1 (2015/9/30 瀏覽)

17 http://www.sunnti.com/vb/showthread.php?t=22191 (2016/9/26 瀏覽)

Chapter 2

服裝飾物

現代阿拉伯人的穿著非常多元，有些追趕時尚，穿著流行的西式服飾，有些則沿襲古老的部落習俗以及伊斯蘭對服飾的規定。隨著穆斯林社群影響力的增加，西方服裝設計師也製作許多流行的伊斯蘭服飾，充滿藝術感。

伊斯蘭傳統禮教

伊斯蘭興起後，將阿拉伯半島上人們穿著的習俗去蕪存菁，加以制度化。因此，現代阿拉伯傳統服飾可以說是伊斯蘭服飾。伊斯蘭對服飾的原則無論男女穿著皆得長、寬鬆且不透明，遮蓋「羞體」，不露軀體型態，整體端莊，並禁任何人與動物圖像。《古蘭經》對服飾的規定如：「你應當告訴眾信士男子，要俯首下視，遮其羞體，對他們是至潔的。阿拉是確知他們行為的。你對女信士們說，要俯首下視，遮其羞體，莫露出首飾，除非是自然露出的。當令她們把頭巾垂在衣領上，不要露出裝飾，除非對她們的丈夫，或她們的父親，或她們丈夫的父親，或她們的兒子，或她們丈夫的兒子，或她們的兄弟，或她們兄弟的兒子，或她們姊妹的兒子，或她們同類的婦女，或她們的奴婢，或無性慾的男僕，或不懂婦女之事的孩童。叫她們不可用力踏腳，使人知道她們隱藏的首飾。」（24: 30-31）

男人的羞體與女人的羞體定義不同。男人僅從肚臍至膝蓋；女人除了腳踝以下、手腕以下及臉龐之外都是羞體，此點在經注書籍上有不同的見解。

伊斯蘭服飾除了蘊含宗教道德之外，還具有地理環境的意義，方便沙漠中人們的活動。頭巾和長及腳踝的長袍在溫差極大的沙漠中，白晝可以遮蔽炎熱的陽光，夜晚則可以避寒。寬鬆的長袍讓身體與衣服之間有空氣循環的空間，不致因穿著而過度酷熱難熬。遇到沙暴時，頭巾能阻擋風沙。

阿拉伯男性服飾由長衫、外袍、頭巾或纏頭巾，以及固定頭巾的頭箍所組成。他們平時所戴的頭巾包含緊貼頭髮的小帽子，讓頭巾不至於滑動。頭巾有純白色、黑白相間或紅白相間，呈正方形。有些阿拉伯區域或某些地位、職業也戴纏頭巾，纏頭巾有不同的顏色。纏頭巾在沙漠裡有許多作用，譬如急難時候可以包紮傷口、充當擔架，甚至在不得已時可以當成裹屍布。纏頭巾還可以增加高度、顯示地位、遮住禿頭、白髮等。阿拉伯人的審美觀裡，高的人比較美，因此女人喜歡穿高跟鞋來增加高度。儘管有些伊斯蘭學者認為高跟鞋有「涉險」、「欺騙」、「招搖」等意涵，男女都不應穿著高跟鞋。然而直至今日，阿拉伯世界女人仍喜愛穿著高跟鞋，時裝秀上的模特兒甚至穿著幾十公分高的鞋子。他們對「高」的審美觀千年來依舊，並未受宗教的約束。

聖訓規定男人不得穿絲質衣物，不得戴金飾。阿拉伯海灣地區的夏天，男人穿的長衫通常是棉料，顏色不拘，有袖子、衣領、扣子，兩邊還有邊袋，左上方有口袋。一般人喜歡穿白色長衫，白色比較透明，因此裡面得穿內衣。早年在沙烏地阿拉伯常看到年輕人在棉質長衫的兩邊口袋裡裝厚厚一疊的鈔票，衣服材質很薄，讓外國人看到都會替他們捏一把冷汗。海灣地區以外的男人穿著的長衫則多數沒有衣領。一般人儘管工作時穿著西式服裝，家居時無論男女，仍習慣穿著舒適的長衫。今日西北非摩洛哥人仍然穿著傳統柏柏人的服飾，亦即連身附有風帽的斗篷 Burnus。中世紀這種服飾是王公貴族的服飾，原本是毛料禦寒的服裝，也曾經一度傳到西亞的阿拉伯地區。Burnus 流傳至今成為一般百姓的服飾，他們通常喜愛穿著白色和栗色。

沙烏地阿拉伯的面紗

沙烏地阿拉伯女子的穿著，在阿拉伯世界可稱是最保守的服飾，某種程度上會被視為伊斯蘭服飾的代表。絕大多數的沙烏地阿拉伯婦女出外都蒙黑面紗、穿著黑色外袍「艾巴亞」。有些婦女將全身都以黑色覆蓋，見不到膚色。她們戴黑色手套，穿黑色襪子。

根據專家的研究，黑色衣著在 35 到 46 度的正午沙漠陽光之下所吸收的熱度並無法達到皮膚，所以黑色並不致影響身體的感覺。黑色在阿拉伯文化裡代表高貴與尊嚴，無論是男性或是女性的外袍，通常都是黑色。我一位同學的丈夫便是因為曾經在紹德國王大學女子部校門口看到她全身黑色衣著，戴著黑手套打開車門的一剎那，優雅的動作深深觸動他的心。此後他費盡心思，輾轉打聽到她的家庭，再請託媒人說媒成親。

沙烏地女子出外都穿艾巴亞、蒙面紗，一般都不露眼睛，其他阿拉伯海灣地區各自有其習俗，有些地區女人戴面紗會露出雙眼。

阿拉伯女人化妝幾乎是一種禮貌，人人都會塗抹銻石眼線液，除了可以保護眼睛之外，也能讓眼睛顯得大而黑。在沙烏地阿拉伯外國女人出外也需要穿艾巴亞，但無需蒙面

沙烏地阿拉伯的女裝店裡陳設各式各樣的西式服飾。一位穿著艾巴亞的女人正在挑選衣服。她們注重穿著，喜愛流行的服飾，猶如隱藏在艾巴亞下的熱情。在女性聚會中，脫下艾巴亞，絢麗而時髦的服飾會讓聚會場所頓時活潑熱鬧起來。（劉長政攝影）

紗。身為外國人，我在學校儘管無須戴面紗，但若遇到宗教學者的演講，就會被禮貌地告知要尊重講者，戴上面紗。第一次戴上面紗時曾因為視線不清，而摔了一跤，才意識到要接受這種服飾是有些困難度。面紗通常是兩層薄棉布組成，必須習慣這種視覺才能自在行走。從阿拉伯女人甚少近視來看，戴面紗似乎並不影響她們的視力。

許多人認為沙烏地阿拉伯女人戴面紗，是實行瓦赫比教派的理念。十八世紀沙烏地利雅德城西出現素尼派伊本・艾卜杜・瓦赫卜（Muḥammad bn ʻAbd al-Wahhāb）所倡導的伊斯蘭政治運動。瓦赫比派主張穆斯林應該要淨化所有的宗教儀式，直接遵循《古蘭經》以及聖訓的內文所載，無須完全依賴素尼四大法學派理論。因此，他們將千餘年穆罕默德的元配卡迪加（Khadījah）的墳墓搗毀，毀去許多穆罕默德門徒及早期伊斯蘭的遺跡，以符合穆斯林死後不興建塚的規定。瓦赫比教派發動許多戰爭，建立最早的沙烏地阿拉伯政權，版圖從敘利亞延伸到阿曼。十九世紀這政權被埃及總督穆罕默德・艾立（Muḥammad ʻAlī）巴夏的兒子領軍消滅，直到二十世紀沙烏地阿拉伯紹德家族再度建國，但仍繼續施行此派的政治思想。

伊本・艾卜杜・瓦赫卜的追隨者甚多，影響深遠，引領阿拉伯海灣地區及附近阿拉伯國家人們的思想與行為。沙烏地阿拉伯境內儘管有許多宗教派別，但他們實施伊本・艾卜杜・瓦赫卜的理念，以致早年成為世界唯一禁止女性開車、禁止音樂與電影院、禁止圖像與照相的國家。[1] 我在學校唸書時，是無法在學校與同學照相留念，許多外來的書刊雜誌都是經過檢查才得販賣，經常有雜誌封面的女性圖片被用奇異筆塗黑，教科書的女性照片也都只呈現側面或背面。或許正因如此，在沙烏地生活非常的寧靜，除非在家裡裝衛星電視，否則沒有任何的色情、暴力等負面思想會進入人們的腦海。他們非常執著於淨化整個人類生活環境，這種極端的理想主義，造成他們與主流文化漸行漸遠。但在二十一世紀網路發達的時代，這些理想一再受到衝擊，沙烏地人正積極地在做兩個不同價值的磨合，包含遣送大批留學生到歐美吸取西方文明成果，但仍持續堅持傳統宗教教育。

沙烏地阿拉伯政治與宗教密切合作，達到雙贏的成果。瓦赫比教派的理念透過沙烏地出資派遣團體，傳播到世界各國，包含宗教宣教士與阿拉伯語文教師。他們在很多國家設立學校、協會和組織，提供其成員薪資與福利，以公開的方式宣揚伊斯蘭，而傳授的思想便是瓦赫比教派的理念。因此，許多阿拉伯國家及其他伊斯蘭國家都有瓦赫比教派的追隨者。今日有一些伊斯蘭組織便屬於「瓦赫比教派」或「薩拉菲教派」（al-Salafi），但行徑非常極端，譬如阿富汗的塔立班神學士、「伊斯蘭國」等。儘管極端的恐怖組織與此教派的思想彼此之間並無直接的關係，許多外國社會都防患於未然，拒絕這種思想的滲入。

實用的創意美學

阿拉伯人統治西班牙時期，「黑鳥」引領一股時尚風潮，他以豐富的學養、具創意的思維，開創許多實用的美學，提升整個社會的人文素養。他發明吹髮型的技術，開設第一家美容院，可稱是髮型設計的先驅。在穿著藝術上，他將巴格達哈里發宮廷的時尚帶到民間，認為人們穿衣服要和季節的變化彼此協調，春季要穿沒有襯裡的絲綢質料衣服；夏季應該穿白色棉紗質料；秋季要穿有襯裡的花色衣裳；冬季要穿毛料。今日歐洲人的穿著多半受到這種觀念的影響。黑鳥教導人們用鹽巴洗滌白色衣服上的污漬。他要人們時時保持優雅的體態和衛生，身上不要有汗味，教導人們使用化妝品。有礙觀瞻的毛髮，譬如手腳、腋下和私處的毛髮都要除去，因此發明除毛的方法。他也發明製作牙膏的方法，並領先使用牙膏清潔牙齒，盛行於安達陸斯。

黑鳥將肥皂依據用途而分類，譬如吃肉類、吃魚類及吃蔬果和乾果後，要使用不一樣的肥皂。肥皂遠自五千年前便出現在敘利亞北部，傳統製作肥皂方法一直持續到公元七世紀。後來在伊拉克和巴勒斯坦出現類似現在的肥皂，有香味和各種顏色，也有液態和固態。十三世紀阿拉伯人製作的肥皂，其成分包含芝麻油或橄欖油、碱、碳酸鉀和石灰等。英文的 soap 便是來自阿拉伯語的 ṣābūn。

阿拉伯女孩隨手拿起吹風機，就能把剛洗好的頭髮塑成流行的髮型，她們幾乎都有與生俱來對美的直覺。她們喜歡同時穿戴數條項鍊和手鐲，卻毫不俗氣。居家時喜歡聽流行的情歌，順手拿起一條圍巾或頭巾綁在臀部，便能伴著音樂旋律，舞出誘人的東方舞（肚皮舞），沉醉在舞蹈裡時，眼神彷彿摸不透的大海，深邃而充滿無比的自信，這些或許都與阿拉伯人古代便發展出來的藝術感息息相關。

顏色的裝飾

◆刺青

聖訓禁止穆斯林刺青，因此現代阿拉伯女人都以指甲花彩繪來替代刺青。然而許多貝都因女人至今仍維持蒙昧時期古老的刺青傳統，在額頭上、人中、下巴及其附近刺上幾何圖案。有些部落女人的刺青是遵循一定的規則，譬如眉毛間刺上彎月，手腕刺花朵，嘴唇上刺直線條紋等。刺青的女人通常身體各處都會刺上不同的圖案，包含臉、嘴唇、手、腳、胸部、肚子等。

阿拉伯民俗療法中也包含刺青治療法。貝都因男人的刺青通常是為了治病，譬如頭痛可以在手腕上刺青，據說能根治頭痛的毛病，又如在腳底刺青，可以防治蛇蠍咬傷。他們使用的刺青顏料通常是銻石或木炭，加上奶或油，刺青之後通常要經過一星期才會消腫。

現代有些阿拉伯年輕人或演藝人員為了趕時尚也會在身上刺青，但是各國的宗教勢力各不相同，若碰上政權更替，前後政府對於執行教法態度不同，便會造成社會歧視。譬如阿爾及利亞過去三個世紀嚴禁刺青，許多婦女在年少時，部落會鼓勵她們刺青，認為那是美的象徵。當她們年長時，卻因身上的刺青備受歧視。因此，阿拉伯婦女對刺青都普遍敬而遠之。

◆銻石眼線液

現代雖然許多阿拉伯女性使用名牌化妝品，但仍然有許多人遵循傳統的化妝習慣和材料，譬如銻石眼線液的使用。貝都因女人會製作眼線液，將銻石放在橄欖油裡浸泡，然後放在太陽底下曬乾，再磨成粉，放在小金屬瓶裡，金屬瓶的蓋子與一根木棒或金屬棒連接，用來畫眼線。聖訓便說「最好的眼線液是銻石眼線液，它可以讓視力清明，讓毛髮生長」[2]，對保養眼睛有許多功效，可以讓眼皮的肌肉有力，預防眼疾，讓眼睛更清澈。對老人而言，可以改善他們薄弱的視力。

香精與薰香

今日只要阿拉伯人路過或曾經待過的地方，就能聞到濃郁的香精味。他們一般喜愛的香精有：

- 黑麝香：是古老的香精，取得黑麝香需要專業的獵人，耐心的觀察野麋鹿的健康狀況一陣子，然後在適當的時機，從牠的肚臍中取出塊狀分泌物。
- 龍涎香：取自於抹香鯨腸道內無法消化的糞石。
- 番紅花香精：以伊朗生產的最著名，其次是來自西班牙和印度。
- 玫瑰香精：沙烏地拓伊弗製作的玫瑰香精歷史久遠，由專家採擷、製造，享譽世界，通常一萬朵玫瑰花萃取出三公克的香精。阿拉伯世界的玫瑰花香味濃郁，有時一棵玫瑰樹可以開上百朵的花，花朵大，花色多。阿拉伯人常以拓伊弗玫瑰香精的香氣，來評價世界各地的玫瑰香精等級。依照他們的標準，法國玫瑰香精幾乎達到百分之九十七的品質，其次是伊斯坦堡玫瑰香精，約百分之七十七。
- 檀香：是阿拉伯人常用來薰香用的香料，也提煉成香

阿拉伯香精是名貴的禮物，高級香精除了本身的價值昂貴之外，香精瓶往往更昂貴。這是三十幾年前沙烏地朋友送我的香精，香精氣味並未變質，上面的珍珠和黃金的色澤依舊，下方是阿拉伯朋友畫在絲絹上的細筆畫，堪稱是永不退色的友誼。（鄭慧慈攝影）

精，原料通常來自於印度。由於是進口香料，因此上等檀木香精價格非常昂貴。檀香的特性是可以與前述香料混合，產生特殊的香氣。

・沉香或烏木：在阿拉伯世界通常使用在慶典的薰香及製作保養品上。阿拉伯人自古便自印度、南亞和東南亞等地進口沉香木，價格非常昂貴。

阿拉伯海灣國家的人習慣在座席間薰香，蔚為待客禮儀。薰香料，尤其是沉香，也是各種節慶必備的物品。他們首先對賓客噴灑玫瑰水，獻上咖啡時也會為客人薰香。薰香材放在薰香爐裡，由家庭成員幫客人薰香，客人用手撥香氣到身上，主人甚少親自執行這工作。薰香也遵循禮儀，要從長者開始，或由右而左，重複做兩次到三次，讓賓客的衣著都有香味。一般阿拉伯傳統習俗在舉辦婚禮時往往燃燒上等香料，讓煙霧散至所有賓客與宴客場所中，有些地方會灑鹽巴。富有的人家會購買昂貴的香材，譬如自印度、柬埔寨、寮國及東南亞國家進口上百年珍貴樹木的樹梢。他們將這些材料放在形狀像聚寶盒的箱子裡，以免日曬或暴露在空氣中而改變其品質。

使用香精的傳統溯源自伊拉克的兩河流域古文明。約在亞述時期，人們透過薰香來淨化場地，等候神明蒞臨。他們在施咒和除咒時使用不同的香料。前者使用難聞的香料，後者使用芬芳的香料。公元前三千多年，古埃及人也派遣許多使團尋找香料來源，引進之後，種植在神廟的園子裡。從埃及紙草畫上所留下的遺跡顯示，埃及人使用不同的方式製造香精。譬如在大麻布上放入鮮花和少許的水，一邊站一人，反方向扭轉，讓花汁液流到下面的器皿。這些香精供宗教儀式、祭司、社會高階層婦女及葬禮中使用。延續至今每逢節日，開羅的城門上面都會薰香，香氣傳到附近地區，引發懷古幽情。

埃及人並延續希臘、羅馬人澡堂沐浴，以及身上塗抹香精的傳統，通常每星期在身上塗抹香精一次，以保養日曬後的皮膚。埃及人更因此習俗，發明許多護膚乳液與香精。自從玻璃出現在埃及之後，埃及便製造各式各樣的香精瓶，也用瓷器、黃金、石器等製作瓶子。他們擅長於提煉香精，由印度進口香料，如薑黃、檀香木、丁香等來製作香精。至今開羅漢・卡立立（Khān al-Khalīlī）傳統商區還充滿琳瑯滿目的香水瓶，許多形狀會令人想起阿拉伯詩中的酒瓶或女人的身材。

阿拉伯蒙昧時期，人們會在膜拜的偶像前面薰香，討好神明。當時人們在宗教節慶時使用香料來薰香，他們也用香料水來擦拭身體，以及用在為死人屍體防腐上。穆罕默德本身便是香料商人，他在與元配卡迪加結婚之前，便受雇於卡迪加，負責運送拜占庭的貨物到敘利亞去賣。結婚之後，穆罕默德便成為麥加的香料商。從聖訓裡可看出穆罕默德是一位香料專家，對於香料的使用瞭若指掌，包含顏色、香味、療效和適用場合等。[3]

阿拉伯人使用香精，部分是來自於宗教上的基本原則：男性香精指的是不著色的香精，諸如：麝香、沉香、樟腦、龍涎香等；女性香精為著色香精，如番紅花等。穆罕默德禁止男人使用番紅花染香，若見有人染著色的香料便請他去徹底清洗掉，因為使用番紅花染香會留下顏色。[4] 同樣地，穆斯林女人出門或到清真寺，不得抹香精讓男人聞到，因為女人可用顏色而不用香味。然而，現代阿拉伯女人大多數並不遵循這教義，時髦者用西方香水，富裕且個性傳統的女人使用傳統香精，阿拉伯海灣地區的女人尤其喜歡傳統香精。

阿拉伯人的香精通常取自玫瑰、素馨、百合、紫羅蘭、檸檬花等。第一位發明「蒸餾」法來萃取花精的是「醫王」伊本．西納。最擅長製造香精的則是西方人稱之為 Alkindus 的金迪（al-Kindī），在《香精化學》（*Kīmiyā' al-'Uṭūr*）一書裡，他提到許多不同的香精名稱，而多數都是用麝香和龍涎香製作。歐洲人製造香精的方法學自阿拉伯人，匈牙利人更在香精裡摻入酒精。十四世紀之後，酒精成為製造香水主要的原料。歐洲文藝復興運動之後，法國便控制了香水市場，他們在香精裡還加入許多其他的原料，和阿拉伯香精截然不同。

香精商自古便是一門需要高深專業知識的職業，他們除了要具有敏銳的嗅覺之外，還必須發掘最好的配方，並具備足夠的化學知識。有些高級的香精是古代技藝高超的香精商流傳下來的祖傳祕方，能迎合社會高層的喜愛。製作的原料甚至可能包含一百種以上的植物，因此香精成為阿拉伯社會中最尊貴的禮物。習慣塗抹阿拉伯香精之後，很難再喜歡一般的香水，因為目前如法國的香水，裡面的香精含量往往僅有百分之十五，你的嗅覺會靈敏地嗅出酒精的味道。

註釋

1 今日除了女性仍無法開車外，其餘現象逐漸開放。
2 Ibn Mājah 3497, 2010.
3 Ibn al-Athīr 1972, vol. 4, pp. 749, 767-769.
4 Ibid., pp. 749, 768, 769.

Chapter 3

居住與移動

住在沙漠裡的遊牧民族被稱之為貝都因人，由於他們生活習慣不同於群居的部落或城市人，遺傳自祖先的身體特質便異於一般人。他們身體抗熱的能力高達攝氏 48 到 50 度，高過於蜜蜂的抗熱度 47 度，在炎熱的沙漠中生活不致滅絕。

帳篷的生活型態

貝都因人如非必要不會到鄉村或城市去，甚少與外界混血，因此他們被認為是血統最純正的阿拉伯人，稱之為 al-a‘rābī，與阿拉伯人（al-‘arabī）一詞同詞根。他們的生活方式有如候鳥一般不斷的遷徙，因此住屋是容易搬遷的帳篷，平常生活的器具都是手工的皮、毛製品。

帳篷是阿拉伯人原始的家。在阿拉伯文裡，「帳篷」一詞原始意義是布或毛料建造的居所，條件是其結構要有柱子和繩索，亦是「家」的意思。拉丁字母 B，來自腓尼基字母的 bayth（意即：家），同是閃語系的阿拉伯語發成 bayt，都是源自於「家」入口及隔開房間形狀的象形字。

阿拉伯詩的結構與名稱，便是取自帳篷的結構。古詩以「節」為單位，一節詩的意義都是獨立且完整的，容納言語如同一個完整的家容納家人一樣，因此和「家」一樣，都稱之為 bayt。韻律學上的專有名詞也取自帳篷結構的名稱，如 watid（樁）[1]、sabab（繩）、miṣrā‘（一扇門）、rukn（支柱）。前半節詩最後一個「音步」，稱為 ‘arūḍ（橫樑），是整節詩的靈魂，整首詩都建立在這個音步上。後半節詩的最後一個音步以外的音步，都稱之為 al-ḥashw（填充物），有如住在家中的家庭成員。物質與精神生活巧妙地結合在一起。

傳統帳篷通常用動物的毛皮製成，內部襯以「薩度」（Sadu）。薩度是用各種鮮豔顏色的線條織成的動物毛毯，透露與大自然日夜相處的人們對生命的熱誠，其優點輕便、通風、保暖、防熱、防雨。破損時，女人可以獨自修補，遷徙時又容易攜帶。

貝都因女人工作非常繁重，必須修補帳篷、編織地毯與日用品、煮飯、製作大餅和酸奶、乳酪等。她們在帳篷內外從早忙到晚，但因為接觸大自然，相較於城市婦女，普遍嚮往自由，個性純樸且熱情。男人則負責到附近綠洲運水，將家中的動物產品運到市集去賣，並買一些家用品，或到野外打獵。有些貝都因人養鷹、狗幫忙打獵。在阿拉伯海灣地區甚至有人養豹，平常像養狗一樣牽著走，打獵時，豹的速度和技巧，讓他們時常滿載獵物而歸。

沙漠經驗讓阿拉伯人非常了解狗。聖訓便提及養狗，要人們利用在畜牧、農耕及狩獵上。[2] 因此，在家裡養寵物狗是不宜的。聖訓並說，狗舔過的器皿要洗七次，其中一次要用泥土洗，[3] 因為狗唾液裡有許多洗不淨的細菌。因此，阿拉伯人普遍不喜歡狗，我在阿拉伯世界十餘年不曾見過流浪狗。最近「伊斯蘭國」佔領的敘利亞城市街上，卻出現許多流浪狗，呈現一些蕭條敗壞的景象。

貝都因人的娛樂仍然很純樸，除了家族好友們聚在一起聽說書外，常會在月光下歌唱、跳舞或玩遊戲。傳統的樂器魯特琴（ʻūd）配上單調的「蹥舞」（dabkah），便可讓他們開心整晚。遇到節日，譬如婚禮、割禮 、遊子返鄉等重要日子，他們會盛裝慶祝，男人全副武裝，配劍、攜槍表現英雄氣概；女人穿戴金飾，用指甲花染頭髮、手、腳，在臉、手、腳上繪上各種迷人的花卉、幾何圖案。

任何慶祝活動都包含賽駱駝，這是貝都因人展現他們騎術最好的機會。大型駱駝賽的賽程較遠，這也是駱駝發洩內心情緒的大好時機，我屢次觀賞駱駝賽，都會看到有駱駝中

兩千多年古蹟旁休息的駱駝。從牠們的眼神裡可洞見數千年阿拉伯人的堅毅以及與沙漠相融的特質。（傅怡萱攝影）

騎著驢子逛貝特剌玫瑰城，縱使有些卑微，卻能免於雙腳的勞頓。靠著雙腳你無法在一天內走完這座古城，旅客通常會騎馬、駱駝或馬車，當地居民也常騎驢進城。但驢就是驢，在阿拉伯牲畜圈裡的地位，猶如沒有部落可供依靠的奴隸。（傅怡萱攝影）

途坐下來「罷賽」，主人僅能對牠細語，央求牠繼續為主人爭取榮耀。至於駱駝是否願意給主人面子，可得看牠心情好壞或平日主人如何對待牠來決定，駱駝個性有如阿拉伯人，恩怨分明。

城市的居住空間

城市裡的阿拉伯人非常重視居住品質，他們習慣將財富花費在房屋的裝潢與擺設上，從居家區域、住宅款式與內部擺設，便能推斷他們的經濟能力，甚至於他們的教育程度。一般人下班後便回家，小憩後再開始黃昏後的作息。人們下班後的應酬大多是家庭式聚會，每逢週末和節日，家庭成員都會去拜訪親戚，大家族的聯繫與互助非常綿密。這些觀念除了來自傳統習俗之外，更是伊斯蘭教義的訓誨。因此，居家環境的營造對他們而言非常重要，舒適而體面的家是每一個人努力的目標。在阿拉伯海灣產油國家的住屋往往類似小社區，裡面應有盡有，譬如游泳池、小孩戶外遊樂場、成人室內休閒室、咖啡室、阿拉伯式及西式的客廳等。

阿拉伯人，尤其是在阿拉伯海灣地區的人，多數不喜歡住公寓，主要原因是公寓的隱蔽性不夠。人們大多住在獨棟獨院的房子，可以享有完全的隱私與多功能的空間。許多阿

埃及西奈半島保存貝都因游牧部落風味的 St. Katrine 山城的旅社大廳。
（王經仁攝影）

開放式的客棧大廳別具海邊小鎮的風味。（王經仁攝影）

拉伯世界的公寓或小社區是為境內的外國人而建。

隨著小家庭的興起，當代建築業逐漸推出適合阿拉伯人居住習慣的公寓住宅建築案，譬如興建許多現代化的屋內及公共設施、大面積陽台，以新潮的設計吸引買家，阿拉伯人的居住模式正逐步地在轉變。沙烏地一般家居公寓格局大同小異，通常有狹長的玄關、大客廳、家庭起居室、大廚房和宴客時使用的餐廳。廚房裡有碩大的大理石流理台和一般小家庭使用的餐桌，如同獨棟屋一般，任何屋內的結構都很大器。

沙烏地阿拉伯城市人的住屋圍牆蓋得很高，外面行人是無法窺探任何內部動靜。若是女子學校，往往建兩、三道圍牆，進了第一道門，需要尋找第二道牆的入口。

夏天的阿拉伯世界普遍炎熱，譬如利雅德的熱會讓全身皮膚感覺熱燙，但因過於乾燥而不容易流汗。放置在車篷裡的車，方向盤滾燙，開車時必須先做通風準備，否則很容易燙傷，放在車裡的塑膠物品往往會融化。除了戶外工作者，夏季白天很少有人在戶外走動，大家出門都以車代步，有如多倫多人冬天蟄伏在戶內，戶外人煙稀少一樣。然而，當時官方公布的氣溫卻總是 49 度以下，因為超過 50 度，依據勞基法，勞工必須停工。洗完衣服不需要放在戶外曬，在室內

客棧裡的商店展示的盡是民俗手工藝品。Dahab 是阿卡巴灣的海邊小城，以金色海岸、清澈海水以及水底珊瑚著名。許多外國觀光客來此潛水，觀賞海底生物。（王經仁攝影）

一、兩小時便自動晾乾。為了防止乾燥空氣所帶來的不適，一般家庭都會使用增濕機，否則很容易流鼻血。

移民沙烏地很久的華人告訴我，以前沒有冷氣的時代，他們睡覺之前會把棉被打濕，蓋在身上保持涼爽，否則無法入眠，隔天起床打濕的棉被便乾了。現代在阿拉伯海灣國家的住家常有游泳池的設備，很多是設在戶內，除了具有隱蔽性之外，尚可增加屋內濕度。

回顧阿拉伯歷史，許多阿拉伯城市在中世紀便發展得很繁榮，阿拉伯文明表現在繁榮的城市上，包含西亞、北非與西北非地區的巴格達、麥加、麥地那、巴舍剌、庫法、開羅、菲斯。除此之外，十世紀的後巫麥亞時期統治的西班牙也建設許多繁華的都市，譬如哥多華城當時人口超過百萬，同時期的歐洲城市人口不及它的十分之一。哥多華街道鋪磚石，夜晚燈火通明，路上見不到垃圾，到處可見花園綠樹。市區澡堂近千家，住家二、三十萬戶，清真寺六百座，學校近百所。哥多華東城外有一百七十位女人用古老的庫法書法體謄寫《古蘭經》，顯示當時女人受教育的狀況。[4] 今日阿拉伯海灣國家的城市以其高、大、豪華、新穎為建築特點，透露阿拉伯人意欲恢復輝煌古文明的企圖心。

交通：從駱駝到捷運

一般取自猶太人的解釋，認為「阿拉伯」的意義是「遊走在沙漠的民族」。有趣的是，根據阿拉伯語大派生的規則，「希伯來人」一詞，與「阿拉伯人」同詞根，其詞根 ‘-b -r 與「阿拉伯」的詞根 ‘-r -b 是遵循派生的規則，在阿拉伯語裡意為「經過、度過」，阿拉伯人稱猶太人是橫渡沙漠的民族，兩者頗有五十步笑百步的意味。

遼闊的沙漠主要仰賴的運輸工具是駱駝和馬。駱駝在阿拉伯人的心目中如同家人一般珍貴，而海上的船隻是建立他們凌駕其他民族商業聲譽的交通工具。阿拉伯人自古是商業民族，駱駝是「沙漠之舟」，是他們陸地上維生的交通工具，和海上的船隻一般重要。

現代阿拉伯國家雖然工業不似西方先進國家進步，然而因為許多富人的習性喜歡購買豪華大型汽車，一般人亦喜愛開快車，造成大都市空氣與噪音的汙染甚為嚴重。城市交通主要以私人轎車與公車為主，大多數地區的人們不騎摩托車或腳踏車。各個阿拉伯國家搭公車有不同的現象。在埃及公車常常擠滿了人，還繼續載乘客，公車到了站，下去一個，上來十個的狀況司空見慣，頻見乘客吊在公車門外。而阿拉伯海灣國家，公車族通常是貧民和外籍勞工，一般人都擁有汽車，不喜搭乘公車。

絕大多數的阿拉伯都市並無捷運，建有捷運的阿拉伯國家有埃及、阿爾及利亞、阿拉伯聯合大公國。第一條捷運建在開羅，今日開羅捷運每日載乘量約三百六十萬人。晚上九點之前每班列車都有兩節車廂專屬於女性乘客，她們也可以搭乘其他車廂，是現代科技與傳統習俗的結合。2013 年，杜拜城市中，別出心裁的在捷運行進中展示男女服裝秀、音樂會等，號稱中東世界第一次捷運時裝秀，阿拉伯聯合大公國無時無刻不在趕時尚，創造區域性與世界性的驚奇。

沙烏地阿拉伯利雅德地鐵站是 2016 年過世的建築大師札哈‧哈蒂德（Zahā Ḥadīd）的建築案。一如她作品的特色，此地鐵站充滿沙與流水的意象，精湛的設計讓人難以忘懷。利雅德地鐵預計將有六條捷運線，八十五個捷運站， 2018 年通車，初期運載量估計每日約一百一十六萬人，十年後可達三百六十萬人，足以解決利雅德市區擁擠的交通問題。

富有的阿拉伯國家機場非常豪華，阿拉伯人公認杜拜機場是阿拉伯國家最佳機場。從杜拜機場到市區的交通非常方便，除了可搭乘捷運之外，公車由早上六點到晚上十點，每隔十分鐘一班車。計程車則一天二十四小時不間斷。

有些阿拉伯都市的交通混亂，譬如開羅，因為人口上千萬，街道非常擁擠，人們開車習慣急躁、不禮讓，以致於尖峰時刻交通幾近癱瘓，因此選擇地段居住是很重要的。記得在開羅做研究的時候，居住在開羅大學斜對面的巷子裡，每天過馬路到開羅大學卻不是一件容易的事，除了必須繞道之外，熙來攘往的車陣讓行人寸步難行。雖然到處有紅綠燈，卻是僅供參考的裝置，那條街上不曾見過任何司機受制於這些交通號誌。離那兒不遠的「阿拉伯語協會」（Majma‘ al-Lughah al-‘Arabīyah）門口，因過馬路而發生意外死亡的人便包含該協會會員，一位著名的現代語言學家阿尼斯（Ibrāhīm Anīs）。

郵務：傳遞靠運氣

儘管郵政發展得很早，今日阿拉伯世界的信件安全仍有待改善。許多地區並無路名與門牌，有些地區即使有住址、門牌，但傳統觀念並不依賴地址投遞郵件，而是以某區的某清真寺或某建築物為指標。阿拉伯世界各清真寺的距離都很近，除非在沙漠深處，否則不可能聽不到宣禮聲。清真寺附近的人們彼此都很熟悉，因此許多信件上的地址會寫諸如：「某某清真寺交給某某先生，再轉交某某小姐……」形成一種有趣的郵政現象。進步的城市裡，機關行號通常都使用郵政信箱，保證郵件傳遞無誤。

很多地區的郵局並未設置郵筒供寄件人投入郵件，最常見的狀況是直接將郵件交給郵局職員，由他們處理。有些地方設置郵筒，但若非你熟悉且確定有郵務人員會收件，最好不要將郵件投入。在很多阿拉伯國家寄包裹，是需要一些運氣的。包裹上所有資料越清楚完整，越減少延遲的可能性，尤其若能同時寫上英文與阿拉伯文，讓不諳英文的送件人員看懂送達的國家與城市，便不致於發生誤送到其他國家的情形。

今日阿拉伯世界的郵政狀況，讓人難以聯想中世紀阿拉伯世界的郵政發達的景象。阿拉伯人的郵政制度起源於七世紀巫麥亞第一任哈里發穆艾維亞時期，規模龐大，不僅有郵政總局，各地並設分局。當時交通工具是快馬，各郵政分局兼具更換馬匹與補給馬匹糧草的功能。艾巴斯時期郵局還兼司情報工作，遞送郵件的郵差，會將各地官員的動態提供中央。幅員廣大的伊斯蘭疆域，郵政促進了歷史與地理學的發展。許多地理著作會詳細記載某城鎮到某地的駱駝或馬的腳程所花費的時間、各地的民情風俗及重要的人物，並蒐集與該地相關的文史資料等，譬如十三世紀初的地理著作《地名詞典》（*Mu'jam al-Buldān*），至今仍為學者們了解古代地理與人文環境的原始文獻。

中世紀阿拉伯人尚發展出「空運」，透過信鴿攜帶訊息。一封信謄寫兩份，由前後相差兩小時出發的兩隻信鴿攜帶，以確保信件安全。他們會在信鴿的嘴上塗上顏色，或剪掉牠部分的羽毛，以分辨牠的身分。當時「空運」信件必須簡短，僅書寫「日期」與「主旨」。

十九世紀埃及鐵路開通之後，鐵路路線也是郵政路線，節省許多人力。阿拉伯各國的郵政在二十世紀隨著西方的殖民與託管逐漸西化。郵票在二十世紀以後盛行，具有歷史文獻的價值，因為在各國所發生的戰爭、政治、文化事件，都會透過發行郵票紀念，譬如 2011 年突尼西亞的「素馨花革命」，便發行了事件主角布艾奇資（Muḥammad al-Būʿazīz）的肖像郵票，埃及 2011 年 1 月 25 日的革命也發行了紀念郵票。阿拉伯各國以利比亞的郵票發行量最大，尤其是在格達費執政時期。

擁有絕佳方位感

有一次招待遠來的阿拉伯海灣國家朋友，由於甚少開車到台北市區，載她回旅館時，碰到許多單行道，我迷失在台北的夜空下。首次來訪的她，一路指引我順利抵達她下榻的旅館。阿拉伯人敏銳的方向感幾乎是與生俱來的特性。

《古蘭經》中處處可見真主的「正道」，阿拉伯人從沙漠走到城市，從只見野生動物的荒涼，走向棋盤式街道的熱鬧，似乎不曾迷失「正道」。他們自古便發展出觀測星象的儀器，習慣觀察星辰，能判斷方向與時間，因此在無涯的沙漠中來去自如。每日五次朝麥加方向做禮拜，更培養他們對方向與時間的敏感度。

古時候阿拉伯半島的人稱呼東西南北方向，是以當時他們所接觸的半島四個方向的極限處地名來命名。譬如他們最北的活動地是敘利亞，因此以敘利亞的地名 Shām 稱呼北方；最南方是葉門，故稱南方為 yaman；東方的盡頭是人們不熟悉的地方，故以太陽升起（tashruq）的詞根 sharq 稱之；座落在最西方的是紅海，故稱西方為 bahr（海）。有趣的是，發展至今，原來地緣的指向又純化成對自然的太陽與風的指向，今日稱北方為 shamāl，源自對來自敘利亞的北風稱呼；南方為 janūb，源自對來自葉門的南風稱呼，太陽升起的東方為 sharq，太陽西落（taghrub）的西方為 gharb。

阿拉伯人認為東邊太陽升起的方向是吉位，太陽落下的西方是凶位。許多迷信的人，早上出門會觀看樹上的鳥兒飛翔的方向。若是朝東方，表示當天諸事吉利，反之則凶。若鳥兒飛往西方，他們會取消重要的事。古時候人們出門都習慣以此觀念測吉凶，以決定是否處理重要事務。

同樣的，右邊代表正面意義，左邊是負面意義。來自左邊的鳥兒便稱之為「否」（al-bāriḥ）；來自右邊的鳥兒便稱之為「泰」（as-sāniḥ）。阿拉伯諺語「否極泰來」（Man lī bis-sāniḥ ba'da al-bāriḥ）便是溯源於這種觀念。所以「悲觀」（tashā'um）一詞就來自古字「左邊」（sha'mah）的詞源。聖訓也提到人們要用右手吃喝，因為魔鬼是用左手吃喝。[5] 凡是做光明的事時，都得用右手，譬如拿經書、握手、給禮物、接物、穿衣服、刷牙、沐浴、剪頭髮等行為。反之則用左手，譬如上廁所、脫衣服等行為。在語言上，「左撇子」（a'sar）便是使用表達缺陷的詞型。現代醫學也證明食物經由右手送入口中，比經由左手送入口中，更容易消化。

特有種沙漠動物

沙漠動物猶如其植物一般，通常能耐旱，如駱駝、羊和依靠露水存活的爬行動物等。有些動物僅生存在沙漠中，阿拉伯世界各地亦因其氣候與地理狀態而有各種稀有的動物，譬如沙烏地阿拉伯的沙漠動物便有三百多種，其中將近八十種是哺乳類動物。

◆駱駝

在沙漠裡，駱駝是最可靠的交通工具，更是阿拉伯人平常生活最親近的夥伴。駱駝商隊運送沙漠之間及城市與沙漠之間的旅客，從事農作物、動物產品的買賣。有些駱駝商隊由數百隻，甚至於數千隻駱駝組成，運送高級商品，如紡織品、黃金、香料等，駱駝可說是沙漠經濟最重要的依靠。

沙漠居民對於駱駝的關愛無微不至，因為駱駝是恩仇必報的動物。駱駝的記憶力可以長達三、四十年，幾乎是終其一生的記憶力。公駝的記憶力又比母駝強，倘若飼養者曾虐待牠，牠會伺機報仇，有時可以等上幾十年再報復，駱駝因此被阿拉伯人稱之為「最記仇的動物」。然而，沙漠中行走要依賴駱駝，駱駝也依賴人類才能找到水源，尤其阿拉伯人自古創造觀象儀，能藉由太陽與星辰測出方向與距離，因此沙漠居民與駱駝的關係猶如家人一般。開車在郊外，常常會有「小心駱駝」的交通標誌，駕駛必須禮讓駱駝，撞到駱駝是很不妙的事，即使自己僥倖存活，也容易惹上麻煩。尤其若撞到的是主人心愛的駱駝，那麼無疑是和主人結下了難解的仇恨。

古時候許多部落之間長期的戰爭起因於駱駝，並以駱駝的名字作為戰役名稱，譬如著名的「巴蘇斯（al-Basūs）戰役」

便溯源於一隻駱駝的名字。戰爭原因是有人在不知情之下，殺死客人的駱駝，引發兩位有姻親關係的人反目成仇，他倆隸屬的兩部族因此發生長達四十年的戰爭。阿拉伯詩裡更處處得見駱駝的描述，猶如親人。譬如拓剌法（Ṭarafah bn al-'Abd）描寫母駱駝時說：

她有一雙豐盈無瑕的大腿，
彷如高聳宮殿的兩扇門。

◆阿拉伯馬

阿拉伯馬是貝都因人爭奪水草的工具，原產地在阿拉伯半島，歷史可推溯到四、五千年前。阿拉伯馬享譽世界，自古便與英雄氣概連結。驍勇善戰是男人品德的象徵，馬則是男人戰場上的夥伴，在人們的心目中地位崇高。阿拉伯語裡馬的同義詞便有數百個，足見馬與人們生活上的密切關係。

阿拉伯人非常重視馬兒的血統，純種的阿拉伯馬頭小、耳小、眼睛大充滿靈氣、鼻寬、胸寬、脖子長、四肢精瘦、尾翹，體型結實而均勻，勇敢且聰慧，平均高度一百五十五公分，非常美麗。牠擅長跑、跳，耐騎且速度快，能耐飢餓和酷熱。依據血統的純正，阿拉伯馬分四等級：一等的「阿拉伯馬」（al-‘arabī）雙親皆具純正無瑕的血統，這種馬外型完美，個性聰慧高貴；第二等馬稱之為「赫晉」（al-hajīn），其父血統比其母高貴；第三等馬稱之為「穆各里弗」（al-maqrif），其母血統比其父高貴；第四等稱之為「巴爾召恩」（al-bardhawn），其父母血統皆低微，脖子粗、外型龐大。馬的產地不同也有不同的性格，譬如息加資馬最高貴；葉門馬最耐苦；埃及馬最美。

阿拉伯人除了任何節慶都少不了馬賽的節目之外，甚至為馬舉辦選美會，教導馬兒隨著旋律跳阿拉伯舞，設計馬兒的服飾和馬鞍。古時候許多詩人擅長描述馬兒，譬如案塔剌（‘Antarah al-‘Absī）因描述馬而享譽詩壇。

◆獵豹

阿拉伯豹的顏色接近金黃色，比一般豹的顏色還淡，有藍色的眼睛，時速可達一百二十公里，是陸地上跑得最快的動物。獵豹產在阿拉伯半島，尤其在阿曼、沙烏地西部和南部、敘利亞、巴勒斯坦、聯合大公國等地，其數量正在銳減中，屬於保育類動物。牠們的原生地在高山上，喜歡劃分屬於自己的地盤，只有在交配期才短暫與其他的豹在一起。

阿拉伯人譬喻男人時會說：「進門如豹，出門如獅。」

意指男人進了家門沉默安靜、嗜睡如豹，出門面對敵人則如獅子一般勇猛。

◆狼

狼在阿拉伯人的觀念裡表示有力量的男子，而在文學裡往往成為欺騙、嗜殺、邪惡的象徵。八世紀伊本·西霖（Ibn Sīrīn）的解夢學裡，若夢見狼進家門，表示家裡會遭小偷，或是被朋友背叛。若夢見幼狼，表示有血統不明的棄嬰，可能導致家破人亡。[6]

阿拉伯狼產地在阿拉伯半島，尤其是沙烏地、約旦、巴勒斯坦山區。阿拉伯狼眼睛黃色，有些是棕色眼睛，體型大約相當於山羊的大小。牠身上的毛，夏短冬長，由於人們不斷地捕殺，數量銳減。自從阿曼政府明令禁止捕殺後，目前在阿曼的阿拉伯狼數量一直在增加。

◆狐狸

狐狸在阿拉伯文學裡總是象徵狡詐、背叛等負面的意義。伊本·西霖的解夢學裡，夢見狐狸表示有敵人；若夢見宰殺狐狸表示勝利；夢見和狐狸玩耍表示將墮入愛河。[7]

沙漠中有紅狐狸、沙狐狸等，在沙烏地南部「魯卜厄·

卡立」（ar-Rub‘ al-Khālī）大沙漠中的紅狐狸尤其多，體重約七公斤，長約一公尺，尾巴長約三、四十公分，全身棕紅色軟毛，耳朵很大，長相非常迷人。狐狸是雜食動物，通常在夜晚覓食，鳥類或水果都是牠們的食物，牠們的壽命頂多十年。

◆羚羊

阿拉伯人自古迷戀羚羊，各種形狀和種類的羚羊都給予不同的稱呼。牠的個性，在阿拉伯人的古籍裡的描述，既貴氣又溫柔美麗。今日聯合大公國的阿布達比，其阿拉伯語名稱的詞面意義便是「羚羊之父」，因為古時候這裡的羚羊非常多而得名。

沙漠中的羚羊種類很多，產在大敘利亞國家，甚至於在一望無際的「魯卜厄・卡立」沙漠中。羚羊靠沙漠的植物生存，壽命十至十五年。

蹬羚是牽繫著阿拉伯思想的動物，自古阿拉伯詩中都以蹬羚來譬喻美女，包含蹬羚的眼睛、眼神和頸子，都用來形容女人的美，甚至形容男人的英俊。譬如安達陸斯的後巫麥亞時期，阿米爾接見詩人佳撒立時便說：「蹬羚帶著牠的善與美來了。」[8]

◆狒狒

在前往沙烏地拓伊弗的峽谷中，常見成群的狒狒跳到人們的車上，滯留不走，直到牠們厭倦了，車子才得往前進。此時會發現滿山滿谷的白色野花，原來都是狒狒。狒狒產在沙烏地阿拉伯西南部山區、葉門和索馬利亞。在沙烏地的狒狒繁殖力甚快，常常攻擊民宅、醫院及其他公共場所。

◆麝鼠

有些阿拉伯人喜歡飼養麝鼠為寵物，麝鼠的身長和尾巴長度幾乎相同。牠是雜食動物，尤其喜歡吃蛋，嗅覺靈敏，能捕捉毒蛇、保護農作物，壽命大約十二年，古埃及人將牠視為聖物，而稱牠為「法老鼠」。

◆鱷蜥

另一種與貝都因人生活息息相關的沙漠動物是鱷蜥，屬於爬行動物，自古阿拉伯人視之為佳餚。聖訓提到：「有人送穆罕默德伊各塔、油、鱷蜥。穆罕默德吃了伊各塔和油，沒吃鱷蜥。」[9]今日沙烏地阿拉伯人喜歡烤食鱷蜥。

鱷蜥身長約八、九十公分，類似大型蜥蜴，以植物維生，在許多阿拉伯國家，尤其是在沙烏地阿拉伯，鱷蜥爬進住家院子裡是司空見慣的事。牠的營養價值甚高，人們喜歡烤食，血液尚可以治病。

沙烏地阿拉伯的鱷蜥尾巴呈肥厚圓柱形，頭小而身體扁圓，四肢有銳利的五爪，身體有刺。鱷蜥常在有梭梭屬生長的地方挖洞居住，藉著該植物的根防止洞穴毀壞，洞穴長可達四公尺，洞口經常朝向東邊或東北邊。有趣的是，鱷蜥與沙漠黑蠍分住洞穴，彼此相互依存。鱷蜥挖洞穴，離穴口約三、四十公分長的位置分給黑蠍居住，解決黑蠍住的問題。黑蠍在洞口可捕食小蟲，並保護鱷蜥免於被捕獵，因為沒任何生物敢招惹黑蠍。

◆黑蠍

在中東地區有許多黑蠍，身長大約十公分，有粗厚的尾巴，靠蜘蛛、昆蟲及小蜥蜴維生，視力非常微弱，既無聽覺也無嗅覺，通常依靠聲波震動在夜間捕食。牠的敵人是毒蜘蛛，天敵則是鳥類和蛇。黑蠍動作遲緩，有些種類可以存活到二十五年。在阿爾及利亞的沙漠地帶每年有許多人遭毒蠍螫死。同樣是夜行的刺蝟是牠的剋星，人們養刺蝟來防毒蠍和蛇。神奇的是當地居民都認為駱駝奶可以治癒毒蠍的毒。

◆沙魚

沙魚生活在沙漠中，形狀類似淡黃色的魚，有咖啡色的橫紋，長著四隻腳，鑽入沙中時有如魚潛入海中，一會兒便消失在沙裡，無影無蹤。牠約在 3 月至 5 月時出現在阿爾及利亞的沙漠中。有些人會深入沙漠去捕捉沙魚到市場去賣，但有些沙魚具有毒性不能食用。

◆鷹

鷹的視力是人類的兩倍半，飛翔速度驚人且能快速轉變方向。阿拉伯人自古便擅長養鷹，並將技術傳播到世界。聯合大公國人特別喜好飼養鷹，過去他們養鷹是為了狩獵兔子和鳥，解決吃的問題，今日養鷹變成一種休閒嗜好。老鷹在人們的心中是力量、堅忍以及智慧的象徵，飼主經常把鷹當作朋友，建立親密的互動關係。

阿拉伯聯合大公國設有老鷹養殖場，訓練老鷹狩獵並照顧老鷹的健康。阿布達比還開設老鷹醫院，每年醫治近萬隻老鷹。沙烏地阿拉伯阿卜赫（Abhā）國家公園中有「觀鷹」一景，數百種鷹盤旋在峽谷中，公園裡的樹木奇形異狀，與鷹群景象相互輝映，景觀令人驚嘆。目前沙烏地阿拉伯正積極發展開放穆斯林觀光的事業，相信不久的將來，沙烏地阿拉伯深藏已久的大自然美景便能讓世人驚豔。

◆烏鴉

「烏鴉」（ghurāb）在阿拉伯語裡與「西方」（gharb）一詞屬於同一詞源，是不吉祥的徵兆。烏鴉在人類古老的傳說中是死亡的象徵。《聖經》裡亞當兩個兒子該隱（Qābil）和亞伯（Hābil）的故事也記載在《古蘭經》中，但並未提及他倆的名字。該隱因為忌妒弟弟亞伯的獻祭得到阿拉的青睞，憤怒的殺死亞伯，並將他曝屍荒野。阿拉派遣烏鴉埋葬另一隻烏鴉的屍體，這一幕讓該隱看到後，後悔莫及，模仿烏鴉埋掉弟弟的屍體，烏鴉因此成為死亡的象徵。[10] 類似的傳說譬如諾亞放出烏鴉與鴿子，在召會中，挨餓的烏鴉一出去便有吃不完的屍體，鴿子出去找不到東西，因為牠吃有生命的穀類。於是烏鴉被人類判定是與死亡相聯結的凶兆；鴿子則反之。

阿拉伯人稱烏鴉為「廢墟之母」，是象徵「別離」的凶兆。和烏鴉同詞源的詞彙都帶有負面的意義，譬如「異鄉之情」（al-ghurbah）、「陌生人」（al-gharīb）、「黃昏」（al-ghurūb）。

貓頭鷹和烏鴉一樣，被阿拉伯人認為是凶兆，因為牠常棲息在偏遠的空屋或高樹上，夜晚覓食，叫聲奇特，令人恐懼，而讓人將牠與邪惡、不幸聯想。他們認為貓頭鷹長相太豔麗，怕因此被「嫉妒眼」沖煞到，故在夜晚行動，成為夜行鳥。除了烏鴉和貓頭鷹之外，蠍子和蛇也是屬於凶兆，但牠們同時也是權力的象徵。

阿拉伯人認定的不吉祥生物，其觀念多數來自於兩河流域蘇美人以及承襲他們文明的古巴比倫人的信仰，譬如貓頭鷹、蛇和蠍子都是不吉祥物，代表死亡或死神。而鴿子和戴勝鳥都是吉祥的鳥，戴勝鳥更是象徵著「正道」。譬如女性名字若是 Huda（正道），朋友會暱稱她是 Hudhud（戴勝鳥），象徵吉祥。古人對此著墨甚多，中世紀文豪伊本．古泰巴（Ibn Qutaybah）在他的 *'Uyūn al-Akhbār* 一書裡便曾討論此觀念。[11]

在阿拉伯人的觀念裡，動物和大自然都具有象徵意義，較常使用的象徵意義如下：

	詞彙	意義
動物	獅子、豹、馬	勇氣
	駱駝	朋友、思念
	狼、狐狸	狡詐、猥瑣
	狗、驢	敵人、惡、愚蠢
	羔羊、羚羊、野牛、鴿子、麻雀	女人、詩人、親密、吉利
	烏鴉、貓頭鷹	凶兆

大自然	月亮、圓月、太陽	情人、君王
	海、太陽	君王、君子
	沙漠、光、雨	希望、前程
	洪水	眼淚
	廢墟、爐火	思念
嗜好	琥珀、瑪瑙、咖啡、血	酒

註釋

1 意指短音節＋長音節或長音節＋短音節，譬如：kutub、ḥarb、qāl、bāʻ。

2 al-Bukhārī (2322).

3 Muslim (270) (280).

4 al-ʻĀmirī, 2012, p. 51.

5 Muslim (2020), 1998; Ibn al-Athīr, 1972, vol. 7, pp. 386-387.

6 Ibn Sīrīn, http://www.mktbtk.com/dir/ish/53/d-0007.htm

7 Ibn Sīrīn,http://www.mktbtk.com/dir/ish/53/d-0008.htm

8 Sīmūn al-Ḥāyik 1982, p. 143.

9 Ibn Ḥanbal, 1313H, vol. 2, p. 1224; Ibn al-Athīr 1972, vol. 3, p. 183.

10 《古蘭經》（5: 27-31）：你當如實地對他們講述阿丹的兩個兒子的故事。當時，他們倆各獻一件供物，這個的供物被接受了，那個的供物未被接受。那個說：「我必殺你。」這個說：「真主只接受敬畏者的供物。如果你伸手來殺我，我絕不伸手去殺你；我的確畏懼真主——全世界的主。我實欲你帶去我的罪，和你的罪，你就歸為居火獄的。」這是不義者的報酬。他的私欲攛掇他殺他的弟弟。故他殺了他之後，變成了虧折的人。真主使一隻烏鴉來掘地，以便指示他怎樣掩埋他弟弟的屍體。他說：「傷哉！我怎不能像這隻烏鴉那樣，把我弟弟的屍體掩埋起來呢？」於是，他變成悔恨的人。

11 Ibn Qutaybah 1925, vol. 1, pp. 144-151.

Chapter 4

民情與宗教

阿拉伯人的禮節繁瑣，倘若與阿拉伯朋友不期而遇或講電話，無論遠近，寒暄語是省略不得的，這些看似制式的言語，在對方心裡則是代表著眞誠與情誼。他願意聽這些寒暄語來支撐情誼，越是熱情的言語，他們對你的情誼會越堅固。

問候的禮儀

阿拉伯家庭之間的聯繫綿密，成員的榮辱便是整個家族的榮辱，面子與聲譽是他們的生命。大家族成員除了週末的相聚之外，每年兩大宗教節日——開齋節和宰牲節更是必須互訪、團圓的日子。因此，平常的寒暄語非常多，我將諸如此類的阿拉伯文化稱之為「儀式」，或許可稱之為「接觸儀式」。譬如見面要互道平安，祝福對方安全、免於傷害，或說一般問候語，如：「早安」、「下午安」、「日安」。別人為你開燈，要說：「阿拉賜您光明」。看到別人洗完頭或理髮，會說：「（願阿拉）賜您恩澤」。作客用餐完畢時要對主人說：「願您永遠（有如此豐盛的餐食）」，主人要回以「願您健康」。節日見面時要說：「年年您都好」。去恭賀別人時，也有特別的用語，如：「恭賀新居」、「恭賀令郎新婚」。

答覆問候時，要重複問候者同樣的話，或更熱情的話。《古蘭經》便有以下經文：「有人用祝福語祝福你們的時候，你們應當以更好的祝詞祝福他，或以相同的祝詞祝福他。」（4: 86）譬如別人問候：「早安！」聽者要回答「相同的」：「早安！」，或者回答「更好的」：「玫瑰般的早晨！」、「茉莉花般的早晨！」等等。譬如回應「恭賀新居」：「願您緊接著（也有新居）！」；回應「恭賀令郎新婚之喜」：「但願緊接著（就是您兒女的喜宴）！」

熟人或親戚之間，男人與男人，或女人與女人見面時，彼此會相擁、碰臉頰，做出親吻臉頰的動作。若是晚輩對父母親或家中長輩，則會親他們的手。在科威特和阿曼，自古便流傳以碰對方鼻子兩、三次作為見面問候的禮儀，他們認為鼻子是身體最尊貴的部位。碰鼻子時不出聲，等行禮完畢再開始問候寒暄。若是對長輩，則要先親吻長輩鼻子之後再碰鼻子。

此外，社會中極為強調「朋友之義」，許多諺語便圍繞著這種價值觀，譬如：「真朋友急人之難」、「以誠相待才是真朋友」。為朋友守密是為人的基本道德，自古加息若便對「守密」有很透徹的剖析：「祕密一旦躍出主人胸口，從嘴巴到耳朵，那就不再是祕密，一定會被傳播。」[1] 每個人都了解一旦祕密外洩，就會變成他人的奴隸。他們的同理心會讓朋友的祕密永存於內心，譬如有人撞見朋友喝醉酒鬧事，若因此需要在法庭上作證，他也絕對不可能道出朋友喝酒的實情，果真說出真話，連法官都會鄙視他。

送禮文化

我曾情不自禁的讚美阿拉伯朋友的項鍊很漂亮，她立刻從脖子上取下項鍊送給我，這突來的舉動令我不知所措，直覺反應自然是拒絕。沒想到她因此非常生氣，因為「受禮」在阿拉伯文化裡，如同接受對方的情誼一般重要。因此，讚美任何人的物品時，被讚美者都會說：「這個獻給你。」別以為這只是制式的寒暄語，他是真心要送給你。禮物無論多麼卑微或不合宜，受禮者亦必須接受。中世紀文學家伊本．古泰巴便提到有人贈送他的朋友一個黑奴，他的朋友在感謝函上寫：「倘若你知道比『一』還小的數目字，或比黑色還糟的顏色，你鐵定會把它送給我。」[2] 強烈表示對禮物不滿意，但還是得接受禮物。換言之，任何人都不能隨意拒絕別人的贈禮。八世紀學者伊本・烏馬爾（Ibn ‘Umar）曾說：「禮物是魔力之王」[3]，一般文人明顯的運用禮物這種「魔力」，譬如大多數阿拉伯詩人都吟詩稱頌王公顯貴，鮮有「不為五斗米折腰」的堅持，形同贈送「詩」為禮物，受禮的王公貴族必然賞賜詩人。最著名的讚頌詩〈斗篷頌〉便使得受感動的穆罕默德將身上的斗篷送給在他跟前履行「效忠儀式」的詩人克厄卜（Ka‘b bn Zuhayr），藉以回報克厄卜對他的讚頌詩文：「使者的確是抽自阿拉利劍的光。」[4]

先知亞伯拉罕（Ibrāhīm）服從阿拉的命令，獻兒子以實瑪利（al-Ismā‘īl）給阿拉以表敬畏與服從，最後阿拉讓他以羊代替其子，阿拉回報亞伯拉罕的豐賜中，包含獲得另一個兒子以實哈各，這是宰牲節的起源。每逢宰牲節，穆斯林會宰羊分送親朋好友，便是一種贈禮予阿拉的象徵儀式，相當於其他宗教的祭神，可算是阿拉伯人最早的送禮模式。

穆罕默德傳承了人情交換的思維，他將蒙昧時期「款待客人三天是義務」的傳統習俗法規化，建立主、客精神與物質互惠的循環，維持部落社會經濟體系的穩定與祥和。聖訓就說：「誰若非經自己要求，阿拉給他這種錢財，那他就收下。那是阿拉給予他的糧餉。」[5]另一則更說：「若有人送我動物的一隻手或一隻腳我也會接受。」[6] 來自窮人的小心意，比來自富人的大禮更令人感激。

◆回報與報復

伊斯蘭激進的平等觀在世界文化中獨樹一格，其思維呈現在《古蘭經》下列經文中：「我在其中對他們制定以命償命，以眼償眼，以鼻償鼻，以耳償耳，以牙還牙；一切創傷都要抵償。」（5: 45）「凡是應當尊敬的事物都是互相抵償的。誰侵犯你們，你們可以相同的方法報復誰。」（2: 194）回報是義務，無論是回報他人的善意或敵意。

2011 年素馨花革命時，埃及《第七天》[7] 電子報在 4 月揭發穆巴拉克總統擁有未登記在財產裡的數十億鑽石、珠寶等的非法寶藏。他的寶貝裡包括伊拉克總統胡賽恩（Ṣadām Ḥusayn，台灣媒體稱「海珊」）贈送的高級車，以及原本在胡賽恩宮裡的金手槍。其來源追溯到 1980 到 1988 年的兩伊戰爭，伊拉克為了將伊朗勢力逐出法烏（al-Faw）島，胡賽恩請求埃及幫忙，事後為了感謝埃及的援助而送。另外，阿曼送給穆巴拉克的禮物包含鑲寶石的彎刀、金錢和勞力士金錶，起因於穆巴拉克四十年來都帶領文武百官參加阿曼的國慶，阿曼國王格布斯為回報他的美意而送。沙烏地阿拉伯與埃及一向關係良好，沙王送穆巴拉克的金劍都是專門為穆巴拉克打造，上面刻有沙烏地的國徽。沙烏地國王也曾送穆巴拉克一大塊市面上買不到的歐洲某廠商特製的稀有布料，並跟穆巴拉克說：找裁縫幫你做衣服，穆巴拉克照他的話去做了。

倘若沒有履行回報的義務，「報復」或許會接踵而至，譬如艾巴斯時期詩人穆塔納比（al-Mutanabbī）在無法從黑人國王克夫爾（Kāfūr al-Ikhshīdī）那兒得到賞賜之後，便諷刺此王的黑奴身世說：

別買奴隸，
除非把棍子一起買下來，
奴隸污穢又無用。

「阿拉伯之春」中被殺的利比亞前總統格達費曾送當時埃及總統穆巴拉克一架新型飛機。事後發生了埃及記者在《共和報》攻擊格達費事件。格達費很不滿穆巴拉克任由記者攻擊他，挾怨在心。更因多年前穆巴拉克撤銷配給埃及前總統納瑟爾家人的總統座車，而格達費非常欣賞納瑟爾，格達費因此停止每年贈送穆巴拉克賓士汽車的習慣。格達費為了表達內心的憤怒，甚至故意空運三輛賓士汽車給納瑟爾家人。

「償還」是禮貌，忘恩是可恥的。相對的，平等觀也表現在各種報復行為上，譬如解決私人恩怨之類較小的事情。安曼一位友人的親戚去打獵，無意間傷及別人，導致受傷者開刀，失去一個腎臟。傷者的家族決定報仇，致使這位肇事者到處躲藏，深恐他們以牙還牙。平等觀大則表現在解決種族、政治、經濟等問題，譬如族群若遭受壓迫，實踐在偏激的人類行為上，可能會是極端的報復行為。許多不明教義真諦的穆斯林極端份子行為偏頗，以恐怖「報復」行動，爭取他們認知中的公平正義，讓人感嘆以「和平」為宗旨的伊斯蘭，被少數無知的穆斯林踐踏，成為與恐怖主義相連結的無奈。無可否認的是阿拉伯人的情感，無論是愛或恨，都傾向較激烈的表達。

在沙烏地曾看到一位台商因為生意上欺騙了沙烏地商人而被設計，沙烏地商人邀請他到沙烏地，當他一踏進利雅德機場就被警察抓進監獄，一旦進入監獄，其遭遇往往得聽天由命。他們的報復猶如他們的熱誠一般強烈。

阿拉伯文化裡接受與回報都是義務性的，未履行此義務形同終止雙方的情誼。伊斯蘭的信仰充滿阿拉對於行善者在後世的「回報」。阿拉的報酬是最尊貴的回報，貫穿《古蘭經》的核心概念是人類今世的善行，都是為了後世來自阿拉永恆的報酬：「為主道而花費錢財的人，譬如一粒穀子，長出七根穗。每根穗長出一百粒穀子。阿拉加倍報酬他所意欲的人。」（2: 261）人類任何形式的善行，阿拉的回報都是確定的，且是「更好的」。此觀念也出現在聖訓裡：「有人送先知一隻駱駝，先知回送他六隻年輕的強壯駱駝。」[8]

穆罕默德還肯定「回報」的義務性：「誰若受恩惠，就要對施恩者說：阿拉給你福報。」[9]「誰若施恩於你，則要回饋。若找不到可回饋的，那就為他祈福，讓自己知道已經回饋了。」[10]回報的態度要實在，聖訓便說：「有人送先知一隻母駝，先知回禮時問他：你滿意嗎？他說：不。先知於是增加禮物，問說：你滿意嗎？他說：不。先知再增禮物，問說：你滿意嗎？他說：滿意了。」[11]

艾巴斯時期哈里發赫崙・剌序德（Hārūn ar-Rashīd），領著後來繼位哈里發的兩個兒子阿民（al-Amīn）和馬俄門（al-Ma'mūn）到麥地那，三人分別賞賜麥地那居民，總數達一百零五萬金幣，連史學家記載此事件都不免感覺驚訝。馬俄門收到羅馬皇帝禮物時，對左右說：「加倍回送他禮物，讓他了解伊斯蘭的高貴及阿拉對我們的恩澤。」[12]馬俄門回報的目的，主要在博得穆斯林在外教人眼中更高的榮譽，宗教的榮耀比俗世個人任何的榮耀自然更尊貴。

◆收回禮物

阿拉伯文化裡，收回禮物非常不禮貌，誠如聖訓所說：「有如狗嘔吐後再將它吃進去。」[13] 但父母親送給兒女的禮物是可以收回的，因為聖訓說：「你和你的錢都是屬於你父親的。」[14]「人最好吃自己所賺得的，他的兒子是他所賺得的。」[15] 子女的錢財屬於父親的財產，父母親給予禮物，形同送禮給自己，禮物因此可以收回。但是父母親收回送給子女的禮物，也必須此禮物在收回的時候所有權仍然屬於子女或屬於子女可以處理的狀況，譬如若子女將禮物轉送給子女的婢女，基於婢女的財產是屬於主人的原理，禮物便屬於子女可以處理的狀況。但是若子女已經將禮物轉送他人或已經出售，則此時父母不得收回禮物。若禮物已經產生分不開的附加物，則不得收回，除非附加物是屬於可分離的。譬如禮物是一隻羊，這隻羊在父母親想收回時，已經生了小羊，則父母可收回羊，而小羊仍屬於子女所有。同理，如果禮物是果樹，送禮之後，果樹所結的果實屬於子女所有。倘若父親已經過世，母親送子女的禮物是不得收回的，因為送給「孤兒」的禮物是不得收回的。

新生兒七日禮

埃及人的智慧經常讓人嘆為觀止，他們自古有一套預知胎兒性別的方式。他們讓孕婦在兩個器皿中小解，一個器皿中放入大麥，另一個放入小麥，然後等一段時間，如果大麥的器皿長出芽來，那便是會生男孩；小麥的器皿長出芽來，那便是會生女孩。神奇的是，這項實驗竟然得到科學家的證實。

遠自法老時期，埃及人便認為嬰兒出生第七天開始有聽覺。因此，他們會在嬰兒旁邊刻意製造喧鬧的氣氛，在嬰兒耳朵上戴金耳環，稱為「女神 Isis 之環」，象徵女神給他的訓囑，並在嬰兒耳邊悄悄地跟他說：「要聽神的話」，這種儀式稱之為「七日禮」（as-subbū‘）。

今日埃及人仍然保存「七日禮」的習俗。他們把嬰兒放置在鋪著被褥的籃子裡面，把籃子放在圓桌上。男嬰旁邊放水壺，女嬰旁邊放水罐。這天無論男嬰或女嬰，都可能穿著洋裝，以避免被「嫉妒之眼」沖煞到。穿藍色表示男生，粉紅色則是女嬰，親友也穿著漂亮的服飾。嬰兒的祖母會不停的敲著搗豆的金屬碗，提醒嬰兒日後要聽大人的話，要孝順父母。然後把嬰兒放在地上，母親要跨過嬰兒七次，親友在一旁歌舞、顫舌慶祝。然後再度把嬰兒放到桌上，來賓拿著點火的白色蠟燭，圍著圓桌吟唱七日禮的歌，並準備甜點、糖果款待客人。蠟燭要整天亮著，表示長壽及生命力。為了避邪，這天通常要撒七種穀物：小麥、玉米、扁豆、埃及豆、蠶豆、米、葫蘆巴豆。來賓在禮簿上寫下祝福的話，留給孩子長大後回味。

伊斯蘭的「七日禮」源自於蒙昧時期，無論男嬰或女嬰出生第七日都得宰羊，男嬰宰兩隻羊，女嬰宰一隻，這種羊稱之為「艾紀格」（al-‘aqīqah），並將羊肉分送給親友和窮人。[16]現在許多埃及人結合民俗傳統和宗教儀式兩種方式來慶祝「七日禮」。

婚禮

婚禮前一天是純粹屬於新娘的日子，稱之為「指甲花日」。這一天的慶祝活動從早到晚不停歇，新娘的親友都前往祝賀。黃昏一到，新娘的母親會準備大容器盛裝指甲花粉泥，分送在場的女賓客，讓每個人在手腳上塗繪，並聘請該區最擅長歌唱的女人，持續歌唱到隔日清晨。

對於新娘來說，這是她當小姐的最後一日，通常喜歡和兒時玩伴或好朋友一起回憶過去的點點滴滴。未婚女孩們往往刻意裝扮，因為這也是她們釣金龜婿的好日子。新娘的父親須設宴席宴請親友，直到新郎來接新娘為止。新郎在指甲花日的慶祝節目與新娘不同，通常以傳統樂器伴奏的舞蹈來慶祝。

新郎迎接新娘時，往往率領著非常長的車陣，最好能讓旁觀者嘖嘖稱讚新婚者家世良好、經濟雄厚，因此上百輛車是司空見慣的場面。車隊在行進中都不斷的鳴按喇叭，炒熱氣氛。隨著社會的開放，許多新郎去接新娘時，會在新娘家布置好的高台上與新娘同坐，接受祝福，來賓圍著他倆盡情的歌舞。女方母親則忙著準備晚餐。當新郎帶著新娘回家時，賓客會在門口送行。

雙方家人往往贈送禮金給新婚夫婦，新娘的父親負責新房的裝潢並提供家具。賓客有人送禮物，有人送禮金。有些鄉下地區的習俗思想非常古老，參加婚禮的賓客持續在戶外狂歡，等到新郎帶著染著處女血的白色床單出來告示賓客為止。

割禮與身體清潔

曾經有一位長輩跟我說一則笑話：有一個非洲小國王，

見到利比亞擁有強大的武力，非常羨慕，於是去見格達費，請他支援武器。格達費慷慨的答應了，但要他承諾唯一的條件：虔誠的信奉伊斯蘭。小國王心想這太便宜自己了，立即答應。一年之後小國王再度來訪，對格達費訴苦，因為他的國家非常炎熱，每天五次的禮拜讓他苦不堪言，齋月的齋戒甚至於讓他差一點喪命。格達費爽快的說：沒問題，把你的腦袋留下來便是。小國王說：怎麼這樣啊？進來要割下面，出去要割上面。

儘管這是一則笑話，但在阿拉伯人的習俗裡，割禮是很莊嚴的儀式，背叛宗教更是不可饒恕的罪行，世界穆斯林人數因此只增不減。有些人為了短暫的利益而信仰伊斯蘭，階段性利益消失之後便徹底脫離，且絕口不提自己是穆斯林，這些人或許得終生活在某種矛盾中。畢竟在《古蘭經》裡對偽信者的譴責非常多，甚至第六十三章便是「偽信者章」，偽信是不可饒恕的罪。

許多古老的民族都行割禮，譬如法老時代埃及人、猶太人、伊斯蘭以前的阿拉伯人等。割禮是將包皮割除，是穆斯林保持身體潔淨，以免藏污納垢的方法，越早割除越能促進肌肉的生長。宗教上對行割禮的年紀並沒有硬性的規定，但要在成長以前，即男孩約十四歲以前，女孩約十三歲以前。

行過割禮的人能夠減少尿道炎、陰莖癌及愛滋病的罹患率。因此，西方國家有許多非基於宗教因素而割除包皮的人。在阿拉伯語裡，沒有割包皮的人稱之為 aghlaf 或 aqlaf，使用缺陷的詞型，如同跛子、瞎子、聾子所使用的詞型一樣，可見他們對此禮儀的重視。

至於女性的割禮，目的要減低女性的性慾，在宗教上並非強制性。由於許多地區執行手術時並未消毒刀子，且不進行麻醉，造成女孩很嚴重的疼痛或傷害。女子施行割禮，在醫學上毫無益處，因此被視為不人道的習俗，但仍存在於埃及、蘇丹等阿拉伯國家及其他非洲、亞洲國家。

阿拉伯國家的割禮儀式隆重，通常參與者會盛裝出席，伴隨著民俗舞蹈、歌唱、遊行和顫舌歡呼聲，猶如歡迎貴客一般。

割禮儀式因地而異，譬如在摩洛哥，男童割禮日子通常選在穆罕默德誕辰日。儀式中除了歌舞、擊鼓之外，尚有一些小男童騎著馬，馬鞍上鋪著紅色喜布，因為摩洛哥人認為「紅色總是贏家」。後面跟著隨行隊伍，從男童家裡遊行到割禮場所。這一天也是男童被認為信奉伊斯蘭的開始。執行割禮的人往往是專業人士，手術約只需要一分鐘，擦上藥膏止血便完成。沙烏地西南部有些鄉村割禮的慶祝活動從早到晚歌舞不斷，主人會宴請賓客享用晚餐，再繼續夜間的慶祝活動。通常以跳民俗舞蹈來慶祝，尤其特別的是每兩個男人一組所跳的「劍舞」。女性親友會前往祝賀行割禮孩童的母親，獻上賀禮，伴隨著外頭的歌聲打鼓助興。

阿拉伯人自古對於身體衛生便很重視，除了割包皮之外，刷牙、理髮、剪指甲、除腋毛、修鬍子、除陰毛、洗淨污垢等都很重要。譬如做禮拜要穿上乾淨整齊的衣服、平時要用牙刷樹枝刷牙清潔牙齒、不得隨地吐痰、吃飯前後及如廁後要用肥皂洗手等。除了禮拜時有小淨、大淨之外，保持毛髮的潔淨亦是重要的禮儀。將不必要的毛髮除去是穆斯林基本禮儀，女性每個星期都會做「艾紀達」，除掉手腳及私處的毛髮。她們喜歡用傳統的方式來除毛，將糖水煮到黏稠狀，並加上檸檬汁，稍微冷卻後貼在皮膚上，再用力拔起，毛髮會跟著去除，此時的皮膚見不到任何殘餘的毛髮，非常光滑。

葬禮

阿拉伯人認為死亡並非代表結束，而只是靈魂脫離身體罷了，因為人是由肉體和靈魂所組成。死亡代表五官感覺的結束，但生命是從這些感覺世界轉移到另一個看不見的世界，是有天堂與地獄的世界。他們認為萬事萬物都是阿拉前定，死亡是定命，掌握在阿拉手裡，是從今生到後世的過渡階段。因此人死後，他們都會說：「我們是屬於阿拉的，我們都得回歸到阿拉那裡。」每個靈魂在最後審判日都得甦醒，接受審判。因此穆斯林死者的家屬與親友應該為死者感到欣慰，他們的態度應是止於內心的哀傷、無聲地哭泣以及給予死者安慰的言辭。

伊斯蘭興起前，阿拉伯人在親人死亡後，會自行遠離酒和女人來表達哀戚。送殯時赤腳尾隨在大體後面。在死者的墳前或在追思會時，用手或鞋子摑掌、撕破衣服，哭嚎著吟詩，猶如誦讀咒文一般。女人往往用灰燼塗滿臉頰，有些人會因哀痛而剃髮。他們更發展出哀悼死者的哭調，後來不斷的演進，成為民間藝術，是殯葬業者的技能。至今仍有女人以此為業，她們必須經過訓練，才能勝任這種職業，死者家屬會支付她們優厚的酬勞。她們穿著黑色長衫，熟背哀悼詞，內容包含讚頌死者生前事蹟，最重要的是惋惜死者的死亡，撫慰死者的親屬，高聲且淒厲的哭喊，甚至摑臉。阿拉伯人自古並發展出吟詩哀悼死者的習俗，「努德巴」（an-nudbah）是用於哭悼親戚朋友，聲調哀戚；「塔俄賓」（at-ta'bīn）是在正式場合吟誦來哀悼有身分地位的人；「艾撒俄」

（al-‘azā’）則是哀悼之外附帶表達哲理的詩，通常能觸動心扉，引起共鳴。

今日約九成的阿拉伯人是穆斯林，死亡後都行伊斯蘭葬禮儀式。伊斯蘭葬禮強調迅速、簡單的土葬，禁止設宴款待參加葬禮的人，以減輕喪家額外的負擔。參加葬禮要身著樸素衣服，不限定黑色衣服，女子不得化妝或抹香精等。

葬禮分三步驟，首先是淨禮，將大體沖洗三次，從右而左，然後擦拭乾淨。男體裹上三層白布；女體則頭罩面紗、衣衫穿在身上、外罩置中間，並裹上兩層白布。死者生前有權指定淨體人。若生前未指定，則男性死者淨體人的優先權依據由父親、祖父、兒子然後是其他親戚的順序；女性死者的淨體人則依據母親、祖母、女兒然後是其他親戚的順序。第二步驟是贊禮，即對死者的祝福禱告，站著行儀，唸四次「大哉真主」，並誦讀開卷章、證詞「主啊！求您賜福穆罕默德……」及其他祈禱詞。參加贊禮者不鞠躬、不跪坐、不叩首。第三步驟是土埋，先深挖土成長方形墓坑，墓坑裡再深挖如人體大小的長方形偏穴，裹白布的死者放在偏穴裡，偏穴上蓋石板。墳墓在覆上泥土之後，依據教法不設塚，不蓋任何其他建築物，不立死者生卒年與名字的墓碑，然而阿拉伯各國的墳墓與墓碑都有其各自的傳統習俗。

抬大體和送殯都是穆斯林樂意做的事，參與者通常是跟隨在大體之後，保持肅穆，以表達對教胞的愛，尤其撫慰死者家屬的心。聖訓規定穆斯林彼此相待的禮儀中便包含「送殯」：「如果遇見穆斯林，要問候他。如果邀約你，要答應他。如果求你指導，要給他勸言。如果他打噴嚏，然後感謝阿拉，你要求阿拉憐憫他。如果他生病，要去探望他。如果他去世，要跟隨出殯隊伍送他。」[17]

安葬之後，可以到墳墓去探望死者，在墳前祈禱阿拉賜福，但不得對死者祈求、許願或宰牲祭祀等。

齋月禮

齋月（Ramaḍān）在伊斯蘭裡是神聖的月份，因為《古蘭經》前五節經文是在齋月 27 日晚上降世。穆斯林在齋月降臨時，家家戶戶都會張燈結綵，在埃及、伊拉克、敘利亞尤其明顯。埃及人會用繩子連接街道兩邊，掛上各種顏色的紙旗，仿如華人過新年貼春聯一般，親戚朋友要彼此祝賀。

齋月期間，在黃昏的宣禮聲後穆斯林才吃一天的第一餐，這一餐稱之為 al-ifṭār。由於從黎明到黃昏都禁飲食，開始用餐時常會先喝甘草汁或是杏果汁潤喉，先吃椰棗，再享用豐盛的大餐。市場裡過節的甜點常常整齊的堆疊起來，有

最好吃的就是這些有堅果填充的阿拉伯甜點，開心果、榛果、核桃、杏仁果都是他們常用的堅果。不知為何，我總是把它和松樹連結，有松樹的國度就能享有這些滿足嗎？（周明廷攝影）

如婚禮蛋糕一般高，尤其是用乾果作為填充物的甜點 qaṭā'if 以及溯源自約旦河西岸納卜勒斯的著名甜點 kunāfah。齋月裡人們會在家或清真寺裡虔誠地做禮拜，親戚朋友的互訪非常的綿密，任何活動都集中在夜晚。許多富人會在街道上開席請窮人及路人吃開齋餐。若在家中宴客，賓客通常到半夜

一、兩點才離去。

每個阿拉伯國家在齋月的習俗互不相同，以沙烏地阿拉伯為例，人們在齋月之前便準備齋月和過開齋節的物品。接近黃昏時，麥地那先知清真寺（al-Masjid an-Nabawī）準備好開齋簡餐，請訪客和蟄居清真寺的人用餐，並主動去招呼人們來用餐。阿曼的開齋餐和其他阿拉伯國家不同，黃昏的 al-ifṭār 往往是非常簡單的水果、飲料、豆泥和酸奶等。做完夜晚和節日的禮拜之後，約莫晚上十點之後才吃肉、飯等的主餐。

齋月結束之後，緊接著是伊斯蘭曆十月一日的開齋節。阿拉伯世界共同的開齋節甜點是 maʻmūl、ghuraybah、maqrūṭ 等，有如華人在中秋節要吃月餅一樣。

朝聖禮

伊斯蘭的朝聖溯源於亞伯拉罕與其子以實瑪利的故事。穆斯林一生至少要到麥加朝聖一次。朝聖需要經濟能力，虔誠穆斯林應幫助無經濟能力者履行朝聖義務。

亞伯拉罕與其子以實瑪利是卡厄巴天房（Kaʻbah）的建築者。卡厄巴的體積為 15×12 公尺的立方體建築，外覆蓋黑綢緞布幔。卡厄巴東南角有黑石，據說建築時就存在至今，因人類的罪惡而變黑。朝聖者須穿著戒衣，戒衣是無縫線的兩片白布，象徵純潔與平等。

朝聖主要儀式有繞行天房（Tawāf），從東南角開始繞行七圈，繞行天房時會親吻黑石。伊斯蘭曆十二月八日朝聖者從麥加到城東無人住的小鄉村米納（Minā），在此冥思禱告，仿效從前亞伯拉罕的朝聖。每年這天數百萬穆斯林在此搭帳篷。

十二月九日，朝聖者從米納到艾剌法（'Arafah）聚集，行「站立」（Wuqūf）儀式，全天有兩場講道儀式，提醒他們「最後審判日」意義。有些人聚在「慈悲山」（Jabal ar-Raḥmah），紀念亞伯拉罕在此做最後一場講道，要求阿拉寬恕站在艾剌法朝聖者的罪惡。做完此儀式，朝聖者會感覺無罪重生的快樂。太陽西下時到艾剌法和米納之間的穆資達立法（Muzdalifah）平原。在此做最後兩次禮拜，收集小石頭準備隔天用來打魔鬼。

十二月十日，天一破曉朝聖者便從穆資達立法到米納，對著柱子投擲石頭打魔鬼，每根柱子投七顆石頭。打擊魔鬼儀式（Ramy al-Jamarāt）源於撒旦曾經慫恿亞伯拉罕莫聽從阿拉的命令，犧牲他的兒子以實瑪利。打魔鬼之後多數的朝聖者會宰羊，將肉分給窮人，有時候會留部分肉給自己。至此朝聖儀式算是完成，可以脫掉朝覲衣，穿上平常的衣物。世界各角落的穆斯林也開始慶祝伊斯蘭兩大節日之一的「宰牲節」（'Īd al-Aḍḥā）。

註釋

1 al-Jāḥiẓ 1964, vol. 1, p. 146.
2 Ibn Qutaybah 1925, vol. 3, p. 35.
3 Ibid., vol. 3, p. 34.
4 Ka'b bn Zuhayr 1989, p. 33.
5 Ibn al-Athīr 1972, vol. 10, p. 163.
6 al-Bukhārī 1992, vol. 3, p. 181.
7 Sa'd al-Dīn 2011.
8 Ibn al-Athīr 1972, vol. 2, p. 611.
9 al-Albānī 1421H, p. 955.
10 Ibid., p. 6021.
11 Ibn al-Athīr 1972, vol. 11, p. 611.
12 as-Suyūṭī 1997, p. 166.
13 Ibn al-Ḥajjāj 1998, p. 622.
14 al-'Asqalānī n.d., vol. 5, p. 211.
15 Ibn Qudāmah 1992, vol. 8, p. 263.
16 Abū Dāwūd (2838).
17 al-Bukhārī (1240); Muslim (2162).

Chapter 5

女性世界

阿拉伯人傳統觀念喜歡又胖又高的女人。肥胖的女人象徵多子多孫、衣食無虞。譬如在西非茅利塔尼亞阿拉伯社會，普遍認爲女孩要肥胖才能嫁到好丈夫，才會幸福快樂，因此至今茅利塔尼亞約有十分之一的女孩會被送到特定的地方餵食，強迫女孩吃好幾倍的食物，養胖她們。

美女的標準

過去阿拉伯人在文學裡喜歡用動物或動物身體的一部分來譬喻女人，甚至用動物的神態和特質來讚美或誇耀女人，透露他們對於美女的標準。他們認為頸子是女人身體最美的部分，頸子要長得像麋鹿、羚羊一樣白皙滑嫩，要像鴕鳥蛋或象牙的顏色。女人的頭髮要烏黑濃密，像繩子、蛇或葡萄串，表示女人的阿拉伯血統純正。她們的胸部要如羚羊鼻子一般豐腴，臀部要如沙丘一般豐滿柔嫩，腰細如蘆葦，小腹緊縮，走路如蛇一般搖曳生姿。

女人的美也在如小野牛一般的烏黑大眼，最美的眼睛是黑白分明的眼睛。女人的眼神要像蹬羚一般，斜眼視物，表露高傲的氣質。她的臉蛋、雙頰要像金幣一樣亮麗、豐腴；嘴要像水晶一樣晶瑩剔透，口水像蜜一般的甜；牙齒像陽光一般的潔白；體味要如麝香，洋溢著青春活力。透過戴頭巾和面紗、穿著長衫，這些誘人的身體部位都可以遮蓋住，不致誘惑男性。詩人「瘋子蓋斯」在描述他的情人賴拉時便透露阿拉伯人對女人身體「美」的標準：

她的臉蛋若遇上圓月，佳色猶勝。
上是彎彎月牙眉，下是圓潤豐臀，
柳腰纖細，小腹緊縮，玫瑰雙頰，清晰的嘴，
雙腿細嫩豐勻，貝齒工整，牙齦光潤。[1]

今日大城市的阿拉伯人對美的標準幾乎都已經全球化，但是女性矜持的氣質與豐盈的外表似乎是亙古的標準。

女人的地位

最為現代人關心的阿拉伯女權，或許意指她們的行動自由權及工作權。隨著阿拉伯社會的變化，過去女子必須相夫

教子的觀念已經逐漸淡化，許多阿拉伯女人走出家庭，與男人在事業上相抗衡。阿拉伯各國在此方面的發展非常參差；約旦法律便規定：女子可以從事任何不傷害到女子天性的工作，譬如工作會傷害到懷孕婦女的胎兒就不宜。但是在沙烏地阿拉伯，一般女子至今喜愛從事的工作仍然是醫師、教師或女性機構的工作，社會上仍不鼓勵女子在男人面前拋頭露面。相較於往昔男人不喜歡迎娶在外有工作的女人，今日阿拉伯社會普遍喜歡迎娶受過高等教育、有職業的女性，顯然他們的觀念有很大的改變。

十九世紀以後，阿拉伯世界女權運動此起彼落，成果因各國國情而異。2011 年起的「阿拉伯之春」主要改革浪潮在突尼西亞、利比亞、埃及、葉門、敘利亞五個國家，都是屬於女權低落的國家。革命之後，這些國家的女權未見改善，譬如埃及的性騷擾、女子割禮等傷害女權的狀況依舊。在女權評估上非常低落的伊拉克，目前的女權狀況較胡賽恩執政時期更為落後，可見政治穩定對女權提升會有正面的影響。阿拉伯二十二個國家中女權發展較佳的是葛摩、阿曼、科威特、約旦和卡達。

回顧伊斯蘭以前部族社會極為重視女人聲譽，女子不應與異性交往，男人公開提及情人閨名是部落的禁忌。許多日常生活仰賴勞力，部落之間爭奪水草更需要男人的力量，故普遍重男輕女。男人戰場上的折損，使得男女數目參差，男人娶妻無限制數目，女嬰誕生常遭活埋。

然而，有些史學者在研究伊斯蘭以前的阿拉伯女人地位時，發現從公元前三世紀至公元二世紀初的阿拉伯納巴拓王國（Nabataean kingdom）時期，阿拉伯女人在法律上便享有充分的自主權，喪失女權是在羅馬人與波斯人統治阿拉伯半島以後。蒙昧時期的阿拉伯女人實際狀態較不可考，許多學者認為穆罕默德的妻子卡迪加請託人向穆罕默德求婚，並擁有自己的貿易事業；而當時阿拉伯人所崇拜的偶像裡也有女神，諸如此，便是擁有某種程度女權的證明。

無論如何，伊斯蘭對女人的地位做了制度性的規範與改革，譬如禁止活埋女嬰、限定妻子的數目，賦予婦女受教、接收聘金、繼承財產的權利。伊斯蘭主張「人」是一個整體，男女是一種「互補關係」，其天賦與能力不同，權利與義務自然不應該相等。伊斯蘭哲學中，男人是源：「眾人啊！你們當敬畏你們的主，他從一個人創造你們，他把那個人的配偶造成與他同類，並且從他們倆創造許多男人和女人。」（4: 1）女性是由根源分支而出，屬於從屬地位。因此，阿拉伯社會中，男人必須保護女人：「男人是維護女人的，因

為真主使他們比她們優越，又因為他們所花費的錢財。」（4:34）

阿拉伯女性參與許多男人的工作，包含戰爭與和平的議題及決策，甚至於在戰場上照顧傷患、戰馬、修理武器、運送糧食與準備餐點、搬運傷患到急救站等，著名的戰場女護士剌菲達（Rafidah）便因此受贈一個大帳篷，擁有她自己的醫療團隊。伊斯蘭早期許多妻子帶著孩子，隨軍照料丈夫及其他傷患。有些女人站在軍隊的後方防止逃兵，倘若看到逃兵會用石頭或帳篷支柱打逃兵。戰事吃緊時，女人會擔負守衛的責任，強壯的女人還會拿起武器參與殺敵的行動。中世紀歷史上並出現一些著名的阿拉伯女性政治家，譬如艾巴斯時期哈里發赫崙．剌序德的妻子茹拜達（Zubaydah）。

戀愛與婚姻

虔誠的阿拉伯人總會遵循教義結婚。曾有一位阿拉伯友人結婚三次，她對於自己坎坷的人生經驗，總是口口聲聲感恩阿拉。她的第一段婚姻是透過媒婆的介紹，任職法官的父親讓她嫁給一位熟研《古蘭經》和聖訓，以高尚品德聞名於地方的盲人，她父親認為此人的眼盲瑕不掩瑜而成婚。婚後發現丈夫言行不一，個性乖戾，為了阻止她唸書，將她囚禁在幽暗的房間，僅派傭人為她送三餐。她利用傭人送飯時逃回娘家。該媒婆後來因犯姦淫罪被處死。這是一個尚有許多情節未釐清的故事，即便我心中充滿好奇，但緘默終究還是尊重異文化的方式。

伊斯蘭主張男女生理結構與心理狀態都不同，所以男女結合才能成為一個完整的個體。伊斯蘭並提倡夫妻真愛，婚前、婚後的男女獨處皆是慾望。《古蘭經》中所有「愛」的派生詞，意義都是指向宗教的愛，男女之間的「愛戀」一詞未曾出現。穆斯林宗教學者稱男女之間的愛戀為「形象的愛戀」，因為戀愛者會在頭腦裡塑造被愛者的形象。

儘管宗教及傳統習俗對婚前的戀愛行為態度嚴厲，但情感猶如喝酒行為一樣，無法以教條限制，戀愛仍普遍存在於現今阿拉伯社會中。自古至今，酒與女人從未被阿拉伯社會完全杜絕在外，即便每一個人心中都明瞭那是違反教義的行為。任何宗教都一樣，欲徹底淨化人類的行為談何容易？

多妻制日漸式微

求學期間，一位友人身為丈夫的第三位太太。她認為自己擁有更多的空間和時間，甚至於表現對前面兩位太太的尊重。由於每位妻子分住不同的房屋，家族聚會時才會碰面，所以對她而言婚姻是美滿的。高知識份子能如此坦然的接受多妻，唯一的解釋應該是宗教的力量。

伊斯蘭的多妻制有其特殊的歷史背景。其一是伊斯蘭嚴禁姦淫，因為該行為會損壞個人與族群。其二是藉此制度維護社會上女人與孩童的利益，譬如妻子不孕不能傳宗接代、寡婦和孤兒無人照料或妻子有慢性疾病等，多妻制不失是解決這些問題的方法。其三是顧及男人的生理需求，因為女人的月事期、分娩期（四十天）、懷孕期等，依據伊斯蘭法都得禁房事。其四是男女生理上的差異，男人生育年齡較長，社會觀念又傾向多子嗣以壯大族群並提升經濟力量，多妻制可以解決此問題。

綜觀《古蘭經》，唯一提及「多妻」的經文是：「如果你們怕對孤兒不公，那麼你們可以擇娶你們愛悅的女人，各娶兩妻、三妻、四妻，如果你們怕不能公平對待她們，那麼你們只可各娶一妻，或以你們的女奴為滿足，這是更近於公平。」（4: 3）此經文要求穆斯林「公平」對待每一位妻子，儘管經注學者認定此處「公平」指的是物質上的平等給予，非感情上的公平，但仍非人性所能達致的境界。《古蘭經》經文也說：「即使你們貪愛公平，你們也絕不能公平地對待眾妻……」（4: 129）因此，其真諦仍在娶「一妻」，而非多妻。

實際上，在現代伊斯蘭社會中多妻者非常稀少，畢竟男主外、女主內仍是社會普遍的現象，男人多妻是很大的經濟與精神負擔。許多伊斯蘭國家即使法律上允許，亦甚少人願意多妻。有些國家在法律上便禁止多妻或加以設限，譬如必須徵得元配的同意才得再娶。2010 年以後即使在富裕的阿拉伯海灣國家，多妻的比例亦甚低。

受全球思潮的影響，今日阿拉伯穆斯林女性絕大多數無法忍受丈夫再娶，若遭遇丈夫再娶的命運，她們通常寧願離婚，以致離婚率與日攀升，女子要求離婚的比例亦隨之提高。許多女人在婚前會與丈夫協議婚後不娶第二位妻子。上述《古蘭經》經文要求多妻者要「公平對待」每一位妻子，成為現代阿拉伯女性拒絕丈夫再娶的有力理由。此外，今日阿拉伯女性自主性提升，從過去寧願嫁給有妻之夫也不願單身，轉為寧願單身。過了適婚年齡而不嫁的女子比例明顯攀升，凡此皆顯示一夫一妻是阿拉伯社會普遍的現象。[2]

嚴禁婚外情

多妻制的原因之一，便是要杜絕危害家庭幸福，甚至影響社會風氣的婚外情。阿拉伯人工作之餘，作息都以家庭為重，譬如下班之後直接回家吃飯、休息，外面的應酬幾乎都是家庭式聚會，家族關係格外密切。若男人婚後對某位女性鍾情，通常會再娶，但也因此造成夫妻離異。在沙烏地阿拉伯有一位來自台灣的知識份子，因為連續生四位女兒，在婆婆的壓力之下，丈夫再娶年輕女子，她為了女兒，繼續忍受丈夫多妻的生活。

《古蘭經》中明顯禁止婚姻外的愛情。經文有言：「信道的自由女和曾受天經的自由女對你們都是合法的……但你們應是貞潔的，不可是淫蕩的，也不可以是有情人的。」（4: 5）並對於踰矩的穆斯林制定懲處方式：「淫婦姦夫，你們應各打一百鞭。不要憐憫他們而減免真主的刑罰，如果你們深信真主和末日。叫一夥信士監視他們受刑。姦夫只得娶淫婦，或娶多神教徒；淫婦只得嫁姦夫，或嫁多神教徒，信道者不得娶她。凡告發貞節婦女，而不能舉出四個男人做見證者，你們應當打每個人八十鞭，並永遠不接受他們的見證。這等人是罪人。」（24: 2, 3, 4）婚外懷孕，須待生產後執行。若無人哺乳，待哺乳後執行。未婚者執行鞭刑，並放逐一年。男女的懲罰並無不同。依據拓巴里（Muḥammad bn Jarīr aṭ-Ṭabarī）引證許多學者的說法，此節經文精神在「阿拉的刑罰要執行，不要不做，但不是要殺她。」[3] 然而今日有些伊斯蘭國家對此罪行，採取的卻是最嚴厲的石刑。

石刑是對女性最大的侮辱，沙烏地利雅德的舊市區巴圖哈俄（al-Baṭḥā'）每星期五會執行死刑，包含砍頭和石刑。石刑通常是針對犯下通姦罪的女人所施的刑罰，必須要有見證者的證詞，罪名才能成立。巴圖哈俄執行的石刑，會用麻袋將女犯人帶出，卡車載石頭到刑場，由圍觀的群眾丟擲石頭，直到血滲出麻袋，麻袋裡的人倒下死亡為止。這種刑罰頗為世人所詬病，主要的原因或許是過程的公開化與刑罰的方式。實際上，要有四位見證人作證的通姦行為幾乎是不可能成立。這些罪犯通常是因為未婚懷孕或出外從事姦淫工作才可能被揭發，現在已經非常罕見。由於這種刑罰牽涉到罪犯人性尊嚴的問題，常被西方媒體所詬病。數十年來西方人權至上的教誨，深入我們的觀念裡，有時造成犯罪行為受害者的人性尊嚴被嚴重侵犯時，反而求償無門。人生經驗告訴我們，最深的傷害絕不是肉體的，畢竟人並非靠形體而活出尊嚴，而是靠他的靈魂。

離異的自由

夫妻無法相處可以離婚，但在宗教上是不得已為之。男方掌控休妻權，但須遵循教義，絕大多數由丈夫宣稱三次便可離婚。《古蘭經》便規定：「盟誓不與妻子交接的人，當期待四個月，如果他們回心轉意，那麼真主是至赦的，確是至慈的。被休的婦女當期待三次月經，她們不得隱諱真主造化在她們子宮裡的東西，……在等待期間她們的丈夫是當挽留她們的，如果他們願意重修舊好。她們應享合理的權利，也應盡合理的義務；男人的權利比她們高一級。」（2: 227, 228）

教法上男子不可休行經期的妻子，並設定「等待期」，避免因感情衝動等因素所造成的遺憾，尤其避免日後單親扶養子女的困境。男人休妻之後必須妻子另嫁，並再度被休離之後才能復合。

女人也可主動提出離婚的要求，稱之為「乎拉厄」（al-khula‘）。女人離婚出發點須是受丈夫虐待或心生厭惡丈夫之情，害怕不能履行婚姻義務，或害怕丈夫厭惡，不能給予她應得的權利等。「乎拉厄」的方式是妻子給予丈夫物質的補償，價值最好不超過聘禮及妻子因婚姻關係所獲得的利益。「乎拉厄」在二十一世紀的全球化下，常與各國法律相互矛盾。但許多旅居在國外的虔誠穆斯林即使獲得當地法律的離婚許可，通常也會辦理宗教上的離婚許可。今日阿拉伯國家「乎拉厄」的比率甚高，反映女性地位逐漸在提升。

當代傑出的阿拉伯女性

2011年諾貝爾和平獎得主葉門女性塔瓦庫・卡曼（Tawakkul Karmān）創立「無鎖鏈女記者」人權組織，積極爭取女權。2016年阿拉伯聯合大公國新內閣有十位女性部長，包含新設立的「幸福部長」和「寬容部長」。影響世界的阿拉伯女性越來越多，譬如2013年阿拉伯聯合大公國外貿部部長陸卜納（Lubnā al-Qāsimī），她任內使聯合大公國的貿易額大幅提升；卡達前國王的妻子，即現任國王的母親茅撒（Mawzah bint Nāṣir），是阿拉伯民主基金會主席，兼卡達科學、教育及社會發展基金會主席，數十年來致力於卡達經濟力的提升；「中東股神」瓦立德（Walīd bn Ṭalāl）的前妻阿米剌（Amīrah aṭ-Ṭawīl）參與各種慈善事業，引領時尚，豎立沙烏地女人新的形象[4]。凡此，都讓世人看見阿拉伯女性地位正在逐步提升。

註釋

1 鄭慧慈，《人間福報》，2016/10/26。

2 鄭慧慈，《人間福報》，2016/9/27。

3 請見 *Tafsīr aṭ-Ṭabarī* 對此節經文如下的解釋：Abū Hishām 告訴我，他說：Yaḥyā bn Abī Zā'idah 告訴我，Yaḥyā 聽自 Nāfi' bn 'Umar，Nāfi' 聽自 Ibn Abī Mulaykah，Ibn Abī Mulaykah 聽自 'Ubayd Allah bn 'Abd Allah bn 'Umar，他說：Ibn 'Umar 鞭打他姦淫的女僕，鞭打她的雙腳。Nafi' 則說：我以為他說：還打了她的背。於是我說：「你們不要為憐憫他倆而減免真主的刑罰。」他說：「我是憐憫她了，可是阿拉並沒有命令我要殺了她啊！」

4 http://www.elfagr.org/432354 (2016/3/9 瀏覽)

Chapter 6

制度與產業

阿拉伯人自古至今擅長於貿易，現在許多外國商人都感嘆與阿拉伯人做生意很難，常常無法獲得應有的利潤。殊不知買賣是他們老祖宗傳承下來的技巧，他們深知這行業的竅門。

哈里發制度

哈里發（khalīfah）制度是伊斯蘭文明現象之一，也是結合宗教與世俗領導的政治體制。制度起源於穆罕默德過世時並未指定繼承人，在麥地那曾經興起所謂的麥加「遷士」與麥地那「輔士」的繼承權之爭。所謂的「遷士」是追隨穆罕默德從麥加遷徙到麥地那的門徒；「輔士」則是在麥地那協助穆斯林的居民。最後由遷士阿布．巴柯爾（Abū Bakr）繼承穆罕默德遺志，領導穆斯林，統治伊斯蘭版圖，開始所謂「哈里發制」。「哈里發」意即執行伊斯蘭律法，並將伊斯蘭以宣教及聖戰方式傳播至世界各地的穆斯林領袖。

對於什葉派而言，穆斯林領袖稱為「伊瑪目」（Imām）。

自第二位正統哈里發烏馬爾開始，哈里發便被穆斯林稱之為「眾信士領袖」（amīr al-mu'minīn）。巫麥亞時期，哈里發成為父子相傳或兄終弟及的世襲制。中世紀伊斯蘭世界曾經一度有三個自稱「哈里發」同時存在的情形，即巴格達艾巴斯政權的哈里發、開羅法堤馬什葉派政權哈里發和西班牙哥多華的安達陸斯政權哈里發。

史學者認為哈里發制度止於1258年蒙古人入侵巴格達，艾巴斯政權結束之時。時間上與艾巴斯時期重疊的埃及法堤馬什葉派政權哈里發僅被什葉派承認。在西班牙的後巫麥亞時期的哈里發，穆斯林稱之為「在安達陸斯的哈里發」。鄂圖曼土耳其帝國統治阿拉伯世界期間，「蘇丹」被稱之為「哈里發代理人」。凡此都因為穆斯林僅承認穆罕默德家族及麥加望族的政權，表明同時期僅能有一位哈里發的原則。

1924年鄂圖曼土耳其帝國殞落，哈里發制度隨之終止，此後阿拉伯各國的政治體制，包含王國制、公國制及共和國制，其國體與民主幾乎毫無關連，如沙烏地阿拉伯、約旦、摩洛哥都是王國制；阿拉伯聯合大公國是公國制；埃及、伊拉克、敘利亞、利比亞都是共和國。許多專制政府出現在共和國體制之下，譬如今日的伊拉克和敘利亞，導致今日暴動與革命不斷，阿拉伯世界分崩離析。

現代許多伊斯蘭團體企圖恢復哈里發制度，最著名的包含埃及的穆斯林兄弟會、阿富汗塔利班政權、印尼解放黨、蓋達組織、土耳其哈里發國組織、巴勒斯坦哈瑪斯運動、伊斯蘭聖戰運動、孟加拉哈里發會議、沙烏地阿拉伯的伊斯蘭革新組織，以及目前甚為猖獗的「伊斯蘭國」，這些團體通常被國際視為極端組織或甚至是恐怖組織。

效忠儀式

穆罕默德時期開啟「效忠儀式」（al-bay‘ah），亦即團體或個人在哈里發即位時，向哈里發宣示效忠與服從的儀式。此詞原意是「買賣約定」，百姓與執政者的關係形同買賣，政府執政須得到買者的服從保證。執政者透過這種正式儀式，便被認為是合法政府。歷史上哈里發職位是素尼教派下的政教領袖，並非屬於宗教根源與法則，而是世俗事務，由協商決定。為了取得日後哈里發的信任或支持，各部落團體都會派代表團去執行效忠儀式，並留下許多珍貴的臣服讚誦詞。

這些宣示效忠者的身分不限年齡、性別或背景，譬如巫麥亞哈里發烏馬爾登上哈里發位時，代表團來到他跟前行效忠儀式，有一位少年想要發表言論，哈里發對他說：「讓比你年長的發言吧！」這位少年說：「人是以兩小論定：他的心和他的舌頭。阿拉賜給人類舌頭來說話，給他心來記憶。倘若人是根據年紀來評斷，那麼在座就有許多比你有資格的人應該擔任哈里發的位置。」[1] 這位男孩的話「人是以兩小論定」，後來成為阿拉伯諺語。足見中世紀舉行「效忠儀式」時，人們具有相當程度的言論自由。

「效忠儀式」實施的目的在反映個人參與政治的自由以及執政者對於政權在宗教上合法性的重視。中世紀文史學者伊本・焦奇（Ibn al-Jawzī）曾經說，當時宣示服從穆罕默德的女人有四百多位。這種傳統一直在伊斯蘭國家傳承下去。至今沙烏地阿拉伯、摩洛哥，甚至於今日的「伊斯蘭國」仍沿用這種效忠儀式。沙烏地並於 2006 年設有「效忠組織」（Hay'ah al-Bay'ah）。組織的任務在推選國王與王儲，設有主席、祕書長及王室委員。該組織在國王過世後，負責王儲繼位的「效忠儀式」。新王上任必須與組織成員協商，從兩三位候選人中選出王儲，國王與王儲在王宮舉行效忠儀式，接受百姓的擁戴。摩洛哥的「效忠儀式」則融合古羅馬和伊斯蘭的傳統。[2]

傳承至今，賢明的阿拉伯國王或總統都須具有親和力，沙烏地阿拉伯國王更謙稱自己是「兩聖寺的僕人」，亦即麥加「禁寺」（al-Masjid al-Ḥarām）和麥地那的「先知清真寺」兩聖寺，人民也都以此來稱呼沙烏地國王。其理由是：「陛下」（jalālah）在阿拉伯語裡意即「崇高」，應該屬於阿拉的稱呼，卑微的人類不應用此稱呼。然而，其他王國制的人民還是以「陛下」來稱呼他們的國王。

軍隊武力

阿拉伯人的軍隊始於伊斯蘭以後，穆罕默德建立第一支軍隊。七世紀正統哈里發烏馬爾時期設立「軍機處」，建立軍籍、軍餉制度。伊斯蘭軍隊規模逐漸的擴大，軍人分成正規軍和自願軍，前者發予固定薪餉，設有軍籍；後者是來自各民族，僅在戰爭期間參戰，領微薄的薪資，平時則住在家裡，從事各種職業。

阿拉伯軍隊在伊斯蘭初期便有完備的組織，他們依據戰術安排陣營，有騎兵、步兵、射手、軍械隊、造橋隊、醫療隊等，各司其職。領軍的指揮官有其頭銜，稱之為「阿米爾首領」（amīr al-umarā'）。在軍營裡指揮官的帳篷居中，旁邊豎著他們的大旗。各軍有其專屬旗幟，士兵穿著制服。伊斯蘭軍陣稱之為「五肢軍」（al-khamīs），即前衛、中軍、左翼、右翼及後衛。穆罕默德過世時伊斯蘭軍隊人數約一萬多人，正統哈里發時期征服許多鄰近的疆域，如波斯、埃及等地，軍隊人數成長約十倍。軍人要具備的基本技能，包含射擊、游泳、騎馬和赤腳行走，並得隨身攜帶針、棉花、剪刀、糧袋等。

伊斯蘭早期最主要的武力在步兵，步兵的武器包含劍、矛、弓箭。矛長約二公尺半。騎兵的武器是劍、長矛。劍分為波斯長劍和阿拉伯短劍，騎兵的長矛約五公尺半。這些武器多數是在阿拉伯海灣地區製造，有些則是戰利品。他們的戰服可能承襲自波斯薩珊王朝或拜占庭軍隊服裝，但因沙漠風沙而穿戴圍住一半臉的頭巾。他們的盔甲是在葉門和伊拉克製造的皮甲，原料多數是駱駝皮或其他動物皮革。

聖戰：盡其所能

由於伊朗以及「伊斯蘭國」恐怖主義的威脅，阿拉伯國家在 2014 年簽訂大筆的軍購案，尤其是伊拉克、沙烏地阿拉伯、卡達、埃及、黎巴嫩等國，譬如卡達預備購買美國和德國的武器總金額達二百三十億美元。2010 至 2014 年百分之三十二的美國武器賣到中東地區，摩洛哥則是法國武器最大的買家。今日「伊斯蘭國」的武器多數來自於伊拉克的軍械庫，這些武器製造國約有二十個國家，包含中國、俄國、美國及歐盟。這種狀況反映出目前阿拉伯各國幾乎都在備戰狀態之中。儘管阿拉伯人對戰爭自古至今始終都不陌生，但是時代的變遷，誰也沒有想到他們的敵人會從過去敵對異教徒，演變到今日敵對自己的教胞，其標榜建立一統伊斯蘭國家的目標，顯然也觸動許多民族主義者。聖戰的真諦逐漸在醜陋的人性下蒙上陰影。

所謂的「聖戰」（jihād），在阿拉伯語言上的意義來自「奮鬥」，意為「盡其所能」，從內在的精神到外在的行為實踐、正義的奮鬥等。前者是蘇菲主義者所強調的精神。在《古蘭經》裡，jihād 的意義等同阿拉命令穆罕默德「揚善禁惡」的精神（3: 104, 110）。聖訓強調為正義而奮鬥的精神，一個穆斯林為避免不正義的事情，首先以行動來奮鬥，若行不通則以言語，最後至少要以意念來奮鬥。

穆罕默德在麥加宣教期間（610-622），「聖戰」有軍事、非暴力、個人奮鬥等意涵。聖訓裡記載穆罕默德在一次軍事行動之後的回程中說：「現在我們是從小聖戰進入大聖戰。」[3] 換言之，軍事行動有時是必須的，但是為達成較好的個人與社會生活而奮鬥才是最重要的。穆斯林遷徙到麥地那建立伊斯蘭國家之後，《古蘭經》便認可為自衛而戰（22: 39）。因此，伊斯蘭武裝戰爭分為兩種：其一是防衛性戰爭，多數穆斯林認為政府發動戰爭，敵對外國的侵略或佔領是屬於防衛性的「聖戰」，殖民時期穆斯林經常發動聖戰來對抗殖民者便屬這類的聖戰。另一種是攻擊性的聖戰，專指對抗非穆斯林，藉以擴張伊斯蘭疆域，並引導非穆斯林信奉伊斯蘭教，譬如伊斯蘭早期擴張伊斯蘭版圖的戰爭便屬於這一類聖戰。

伊斯蘭對戰士在戰爭中的行為有很大的限制，老人、女人、小孩、傷殘及非參與戰爭者都不得殺，並規定不得虐待俘虜、焚燒樹木、摧毀作物、屠殺牲畜等。

伊斯蘭的精髓並非所有穆斯林都能理解，教法學根源除了《古蘭經》、聖訓，尚有公議與類比。「公議」是除了《古蘭經》、聖訓之外最重要的原理，實際上是教法學理論體系最後的權威依據，不僅決定《古蘭經》、聖訓原文的選擇和釋義是否正確、可行，類比的方法和結論是否得當、有效，而且決定整個教法學理論體系的權威性。《古蘭經》、聖訓或教法核心著作等，需要精通宗教的學者解釋。許多學者本身除了有各自的教派立場之外，未必能對精深的宗教學融會貫通。龐大數目的信徒自然容易出現誤解教義的野心家跟隨者，並以「聖戰」合理化他們的恐怖行為，造成今日伊斯蘭世界的亂象。

最近「伊斯蘭國」的猖獗讓全世界人心動盪不安，東西方同聲譴責這種背離人道的行為。他們的恐怖行動幾乎都仰賴自殺炸彈客，許多人無法了解是什麼力量讓他們義無反顧的犧牲寶貴的生命？我能了解的是，除了人類鬥爭的本性使然之外，歷史的包袱，尤其是經歷鄂圖曼土耳其和西方強權的殖民，一統的土地被任意分割與分配之後，少數偏激的穆斯林主觀的認為所有戰爭的目的，無非是要侵略阿拉伯人或者是侵略穆斯林。西方正義的旗幟常是他們所認定的邪惡，至於其真相如何，常因複雜的政治環境而無法完全釐清。

貨幣

今日二十二個阿拉伯國家都各自有其錢幣，絕大多數是二十世紀中葉後發行，錢幣單位各不相同。沙烏地阿拉伯、阿曼、卡達、葉門的錢幣單位稱 riyāl；埃及、蘇丹、巴勒斯坦錢幣稱之為 junayh；約旦、巴林、科威特、伊拉克、利比亞、阿爾及利亞、突尼西亞錢幣稱 dīnār；聯合大公國、摩洛哥錢幣稱 dirham；索馬利亞錢幣稱 shilin；茅利塔尼亞錢幣稱 ouquiya；敘利亞、黎巴嫩錢幣稱 līrah；吉布地、葛摩錢幣稱 farank。各國幣值大小都不同。

巫麥亞時期阿拉伯人採用拜占庭的金幣，僅在錢幣的一面加上「唯有阿拉是真主」的字樣，這可能是最早的阿拉伯錢幣。七世紀末，錢幣另一面也由拜占庭皇帝的肖像改成阿拉伯哈里發肖像。不久，這些肖像被取消，改成《古蘭經》經文。

七世紀末，伊斯蘭國家設有鑄幣局，專門鑄造錢幣，在此之前是使用波斯薩珊王朝的鑄幣工廠。艾巴斯哈里發勢力衰微之後，諸小國設立許多鑄幣局。通常發行的錢幣有金幣、銀幣和銅幣，上面除了《古蘭經》經文之外，還得鑄上日期、地點和統治者名字。錢幣的規格需經過法官的認定才得發行。錢幣上往往透露那個時代哈里發的影響力，倘若僅有哈里發的名字，表示是中央集權時代；倘若錢幣是地方政府所鑄造，他會將哈里發的名字和自己的名字都鑄在上面，也表示他仍然尊崇哈里發；若僅放地方統治者的名字，表示他已經自立為王。

稅制與國庫

伊斯蘭興起之後，阿拉伯國家的財政制度逐漸完備。穆斯林除了需繳課捐之外，戰利品的五分之一得繳入國庫。被征服的地區人們要繳納土地稅，通常是根據土地的穀類及果樹收成來決定賦稅。若是猶太教徒、基督宗教徒等一神教徒或二元論的祆教徒不願意信仰伊斯蘭，則除了土地稅之外，每年尚須繳納人丁稅，國家也有義務要保護他們。隨著土地的開發，逐漸增加了礦產投資五分制，即礦產所得五分之一歸國庫。此外尚有海中資產，如珍珠等的賦稅、對外貿易稅等。

中世紀伊斯蘭國庫如同今日的財政部和中央銀行，意指穆斯林的公共財產。伊斯蘭早期疆域擴張，戰利品等財源大量湧進，因此設立國庫來管理國家的財政，最初國庫設在清真寺的一面牆上，因早晚都有人潮往返，可避免被偷竊的風險。國庫錢財來自於稅收、人丁稅、課捐款、戰利品等。國庫有一定名目的開支，包含：專門用在宮廷的哈里發特支費；總督等地方政府及公務員的開支；禮物開支等的雜支費；營造宮殿、公共建設等建築費，還有建軍費、社會福利費、郵政費等。

自艾巴斯時期起，國庫分成哈里發專用國庫及穆斯林公共國庫。公共國庫往往在大臣的掌控之下，一旦大臣職位異動，國庫長也跟著撤換。

阿拉伯人統治西班牙時期，財政分為由法官監督的「穆斯林國庫」和一般國庫。「穆斯林國庫」設在哥多華大清真寺中，其花費皆屬宗教性質，如濟貧、建築並修護清真寺、整軍對抗異教徒等。

對外貿易

今日許多世界著名的企業家是阿拉伯裔商人，譬如瑞士 Swatch 集團的創始人及前董事長尼庫拉・哈業柯（Nīkūlā Ḥāyik）便是黎巴嫩裔商人，其女繼承衣缽，擔任今日的集團執行長。2015 年阿拉伯世界富翁前四名皆是沙烏地阿拉伯企業家，投資股票、石油及銀行，首富「中東股神」瓦立德的總資產兩百二十六億美元。2017 年前四名富翁集中在沙烏地阿拉伯和聯合大公國，瓦立德仍居榜首。商人在阿拉伯社會中是令人敬重的行業，因為自古阿拉伯人的經濟力量來自對外貿易。

公元前三千年阿拉伯海灣地區，如巴林、阿曼、伊拉克便有海港供船隻停泊。對外貿易遠自公元前便盛行於阿拉伯半島，路線分為陸路和海路。阿拉伯人在印度洋和波斯灣的海上貿易非常活躍，與印度和中國貿易頻繁。公元初阿拉伯人就持續控制埃及到印度的海上貿易，希臘人曾欲與之抗衡，終不敵阿拉伯人的氣勢。因此阿拉伯國家自古至今有許多商業港口，貿易行為一直很活絡，譬如亞丁港、摩卡港等都屬於歷史悠久的商港。

伊斯蘭興起之前，阿拉伯半島上終年都有市集，散布在敘利亞、息加資、拓伊弗、伊拉克、巴林、阿曼、葉門等地。葉門甚至有兩千多年以前的古老市集，至今商業行為依舊。許多民族與部落會來趕集，從非洲到印度的商品在這些市集中交易。

中世紀的麥加是香料道路上的重要據點，穆罕默德的曾祖父便是古雷須族（Quraysh）著名的香料商。穆罕默德少年時代做生意，結婚之前受雇於其元配妻子卡迪加，到敘利亞古都布舍剌（Buṣrā）等地從商。古雷須族故鄉在麥加，麥加座落在絲路上，因此他們有所謂的「冬旅」和「夏旅」，記載在《古蘭經》裡。[4]「冬旅」向南到葉門；「夏旅」朝北到敘利亞，大敘利亞地區在公元四世紀便是阿拉伯商人活躍的地區。第三條貿易路線則由葉門的哈底剌茅特朝北分成兩路，其一往東越過「魯卜厄．卡立」沙漠東緣到伊拉克；另一路線朝西北到敘利亞。第四條商業路線則是從麥加到兩河流域，即後來著名的「茹拜達道」。

「茹拜達道」是哈里發赫崙．剌序德之妻茹拜達所建。赫崙．剌序德及其子能夠成功建造阿拉伯黃金時期，便是得力於她的睿智與協助。她出生在哈里發家庭，參與其夫的政治與軍事策略謀劃，獎勵學術，是不讓鬚眉的女強人。「茹拜達道」從巴格達到麥加，路經庫法、格席姆（al-Qaṣīm）、哈伊勒（Ḥā'il）、麥地那。為方便朝聖者，沿途並興建清真寺、人工河渠和水井等。

當時中國、印度、東南亞的貨品經由印度洋到阿拉伯灣的海港，譬如阿曼及伊拉克巴舍剌港。東非貨品則由葉門港口，再經由幼發拉底河和底格里斯河道，輸送到大敘利亞地區，透過駱駝商隊運送到內陸地區。地中海地區與歐洲的貿易則經由亞歷山卓等港口。交易的貨品包含從中國進口絲綢；從印度進口香料、武器、象牙、金屬；從非洲進口黃金、象牙、奴隸；從羅馬帝國進口女奴、織品、奴隸。阿拉伯人並從事商品轉運，從中國、印度進口的商品再轉賣到歐洲。由於商業繁榮，許多阿拉伯商人移民到中國沿海、印度、馬來半島、爪哇等地，至今這些移民都已在當地生根，也將伊斯蘭信仰傳播到東方。同樣的從葉門、阿曼傳播到東非，譬如索馬利亞、厄利垂亞等地，更到西非及中非，譬如奈及利亞、尼日、查德、塞內加爾等地。

隨著軍事力量的衰微，阿拉伯商業逐漸蕭條，十六世紀起歐洲勢力崛起，阿拉伯人的國際商業利益被葡萄牙等歐洲國家所取代。

各行各業

阿拉伯人自古便認為製造業是文明程度的象徵。《古蘭經》裡便提及許多蒙昧時期的行業，包含紡織（29: 41）、鐵匠（18: 96）、木匠（11: 37）、裁縫（7: 22）、漁獵（5: 94）、麵包（12: 36）、屠夫（5: 3）、航海（18: 79）、染業（7: 148）、文書（96: 4）等行業。後來的伊斯蘭政權下，人民所從事的行業越來越多元，分工越精密。除了上述行業之外，尚有香水業、製糖業、礦業、金銀製造業、製銅業、造絲業、玻璃業、寶石業、製陶業、馬賽克磚業、造紙業、銻石業、製鐵業、製肥皂業、首飾業、蠟燭業等。

中世紀阿拉伯製造業都祖孫代代相傳，不接受外人，且彼此相繫，類似今日的行會。製造業的社會地位顯然較為低微，主要受希臘哲學思想的影響，認為「思想」是最崇高的行業。各行業有其專精的區域，譬如製銅業在伊拉克北部；造絲業在敘利亞和伊拉克；製麻業在埃及；玻璃業在埃及、敘利亞和伊拉克；香水業則在阿拉伯各地區；製皮業在摩洛哥、敘利亞、伊拉克；大理石業在安達陸斯及伊拉克北部地區。

值得一提的是造紙業的興起。公元 751 年，中國唐朝的高仙芝率軍與艾巴斯政權的波斯將軍阿布．穆士林率領的穆斯林軍隊，在坦羅斯河附近有一場激烈的戰爭。中阿雙方的史料記載都各有其立場，因而有許多相異的陳述，尤其是在參戰與死亡人數的差異。對於這第一場中阿正面作戰，且奠定伊斯蘭在中亞勢力範圍的戰爭，阿拉伯人難掩其榮耀感。這場戰爭唐朝軍隊幾乎全軍覆沒，阿拉伯人俘虜二萬多華人到阿拉伯國家為奴，其中便包含許多紙匠，將造紙技術傳到阿拉伯本土。

阿拉伯人在造紙術傳入以前，使用來記載的材料包含椰棗葉、駱駝和羊的骨頭、白布、白石頭、皮革、紙草等。造紙技術傳入時，正值阿拉伯人的文明黃金時期，巴格達是製造紙張的城市，他們再加以改良技術，並傳播到伊斯蘭疆域的各大城市，譬如開羅、大馬士革和哥多華，經由這些地方傳至歐洲，促進歐洲文藝的發展。大馬士革當時是歐洲和小亞細亞紙張的來源，為了讓紙價降低，他們發展出使用亞麻製造、能捲起來的紙張，其成本比用樹木製造的紙便宜一半。他們更發展出用棉紙來代替亞麻紙。當時的書商便稱之為「紙商」（al-warrāq），許多的文人流連於書店，譬如加息若便租書店，盡情飽覽群書。

從造紙業發展出來的是染術和製造筆的技術，各種顏色的墨水因此出現在中世紀的阿拉伯書籍裡。拜魯尼（al-

Bayrūnī）在這方面的貢獻良多，他研發使用鉛粉與其他材料經過化學作用後的產出品來染色，節省許多染術上的程序。在他以前，數千年來各民族都使用植物作為染料，譬如羅馬人的高級布料使用紫荊為染料。拜魯尼的方法傳到歐洲，至今仍是染業的理論根基。

阿拉伯人的印刷術是外科之父撒合剌維（az-Zahrāwī）（西方人稱之為 Albucasis）的發明。撒合剌維將構想描繪在他著名的《醫學寶典》（*At-Taṣrīf Li-man 'Ajiza 'an at-Ta'līf*）一書裡，比德國古騰堡（Johannes Gutenberg）發明的活字印刷術還要早好幾個世紀。[5]

註釋

1 al-Maydānī 2002 (3982), vol. 2, pp. 294-295.
2 鄭慧慈，《人間福報》，2017/7/3。
3 由於此聖訓未記載在聖訓「六書」中，有些宗教學者認為是「弱聖訓」。
4 《古蘭經》106: 1-4。
5 Fayyāḍ , p. 101.

利雅德名為「阿拉丁」的速食餐廳，在海灣合作理事國的商場拋頭露面的工作者往往是外籍勞工，有時你會想這到底是誰的國家？（劉長政攝影）

利雅德麥當勞速食店前的男、女點餐區。早年沙烏地阿拉伯因為麥當勞支助聯合國猶太基金會而禁止麥當勞在沙烏地開店，今日到處可見麥當勞。世間沒有解不開的仇恨。（劉長政攝影）

在沙烏地阿拉伯餐飲店，出入口都會分男女，唯有家庭區不分，縱使是星巴克等西方企業連鎖店也不例外。不知川普看到此景會作何感想？（劉長政攝影）

下篇

精神生活
與創意

位於約旦西北部的傑拉什（Jarash）羅馬古城。八世紀時曾是一座繁榮的都市，人口是現在的數倍，一次的大地震摧毀大多數的建築。它歷經許多民族的統治，今日約旦政府每年七月會在此城舉辦為期一個月的文化慶典，節目包含舞蹈、音樂、戲劇、詩歌以及手工藝製作等，吸引許多外國觀光客。（傅怡萱攝影）

安曼市七座山之一的 Jabal al-Qal‘ah，公元前八千三百年便有人居住，至今許多古蹟尚未被挖掘。此地曾歷經許多民族的統治，包含古閃族、希臘人、羅馬人、阿拉伯人。（傅怡萱攝影）

Jabal al-Qal‘ah.（周明廷攝影）

Chapter 7

知識與教育

阿拉伯人自古便尊崇有學問的人，伊斯蘭更將求知視爲穆斯林的職責。有許多阿拉伯成語勉勵人求知，譬如：「從搖籃到墳墓都要求知」、「即使遠在中國也要求知」、「學者是先知的繼承人」。

知識無價

阿拉伯人好學的精神猶如華人，源自古代聖賢的教誨。求學機會不論貧富一律平等，歷史上許多大學者出身寒微。譬如當代詩人阿多尼斯趁著敘利亞總統巡視民間，勇敢的向總統要求唸書的機會；昔日年少貧窮的他，如今變成諾貝爾文學獎的熱門人選。中世紀阿拉伯文學泰斗加息若幼年時貧困，賣魚維生，還得養活家人。他經常賣完魚就去買書，有一次回到家，不停地叫肚子餓，母親端出來兩盤書，告訴他這是他賺回來的糧食。他求知若渴，租書店唸書，晚年癱瘓仍維持每日至少讀一兩本書的習慣，最後死於書架下。他對書有很深刻的描述：「書是不會讚頌你的伴侶；是不會誘惑你的朋友；是不會讓你無聊的陪伴者；是不會嫌棄你的鄰居；不會對你狡詐的夥伴；它不會虛偽欺騙你；不會用謊言陷害你。」[1]

《古蘭經》有如下經文：「你說：有知識的與無知識的相等嗎？惟有理智的人能覺悟。」（39: 9）「真主的僕人中，只有學者才敬畏他。」（35: 28）聖訓也說：「求知是每個穆斯林的天職。」[2]「誰若走求知之路，阿拉便引導他走向天堂。」[3]穆罕默德在世時對於無法以錢財贖身的戰俘，設立以教育十位穆斯林讀書、寫字作為釋放他們的條件。阿布・阿斯瓦德便曾說：「王者是人們的統治者，學者是王者的統治者。」[4]阿拉伯人認為人人自幼便要求知，因此有一句諺語說：「年少的知識猶如石上的雕刻。」

除了宗教教義的鼓勵之外，在阿拉伯歷史上，執政者常以金錢、財物鼓勵文人、科學家，充實求知機構與設備。尤其難得的是知識圈中所形成的自由求知的風氣，凡此都促進人們對知識的渴望。中世紀阿拉伯知識份子遠行時，都習慣攜帶書籍，有些甚至攜帶數十隻駱駝才能負重的書籍，求知是他們古今不變的價值。

資料取得與著書立論

對於追求學問的方法，古阿拉伯人強調第一手資料的取得，為了證實訊息的可靠性，他們會長途跋涉，因而興起中世紀「學術之旅」的風潮，以及在著作中追溯訊息源頭的習慣。學術之旅猶如中國人所謂「行萬里路勝過讀萬卷書」，透過旅行得以擷取最正確和最可靠的資料，其邊際效應則是學者之間得以彼此切磋。

阿拉伯古人，包含穆罕默德本人學習純正的阿拉伯語，都透過深入沙漠，直接擷取第一手資料的方式，因為貝都因人的阿拉伯語是未曾受過其他語言影響的純正語言。中世紀阿拉伯的「智者」卡立勒（al-Khalīl bn Aḥmad）喜歡到沙漠裡採擷貝都因語言。他的博學、安貧樂道及孔明一般的智慧，被阿拉伯人以神話似的傳頌，使得後來的阿拉伯學者都附庸風雅，競相模仿。

到沙漠遊歷，其目的除了擷取一手資料、增長見聞外，還在建立自己雄厚的語言實力，畢竟阿拉伯語言學的「純正理論」讓所有的文人和詩人都須遵循一定的語法規則寫作，也讓巴舍剌學派始祖西巴威合（Sībawayh）所作的第一部阿拉伯語言學巨著《書》（*Al-Kitāb*）永垂不朽。一千多年來阿拉伯語言學者始終在研究此書的奧祕，而被美譽為「語法學的古蘭經」。巴舍剌學派的對手——庫法學派的大師法剌俄（al-Farrā'）死後，人們發現他在枕頭底下藏著西巴威合的《書》偷偷學習。[5] 庫法學派始祖齊薩伊（al-Kisā'ī）也模仿西巴威合的恩師卡立勒，帶著墨水深入沙漠取經，並請西巴威合學生阿可法須（al-Akhfash al-Awsaṭ）教導兒子。[6]

阿拉伯古人對於手抄本的取得甚是熱衷，九世紀時許多學者為了取得原始手抄本，不惜遠赴阿拉伯各地及希臘、羅馬。天文學家拜魯尼便曾說他為了尋找一本書，花費四十年走遍各地才找到。[7] 從許多早年的阿拉伯書籍發現，他們對於相關主題的書籍都會在書的前幾頁裡敘述及做評論，相當於今日書寫學術論文時的「文獻回顧」。表示作者閱讀過這些書籍，或沒有閱讀但卻曾經聽聞過，並請求讀者若找到此書，不忘告知作者。至今阿拉伯世界優良的大學仍遵循此學術風氣。

在電腦尚未普及之前，學者在撰寫書籍時往往會將資料與備註蒐集在卡片上，殊不知這是源於阿拉伯人做學問的方式。當時這種卡片稱之為 al-juzāzāt。他們將書籍中擷取到的知識及歸納出的感想記錄在這些紙片上。這些紙片還可以預防記憶力的疏失，後來這種資料卡流傳到東、西方世界，普遍使用在學術圈。

利雅德的台北經濟文化代表處。1990 年海灣危機時期，沙烏地與台灣斷交，沙國根據伊斯蘭教義，並未把台灣的館產轉交中國大陸，代表處仍在中華民國駐沙烏地大使館的原址，位於利雅德使館區內。（劉長政攝影）

尼羅河貫穿開羅，河水變化多端，孕育開羅數千年的文明，更是許多文人創作的靈感來源。（王經仁攝影）

此外，他們講求書中所引用資訊的正確性，通常作者必須對他所引用的資料向原始作者求證，並取得引述的許可，然後在書中用不同的書法體或不同的顏色來區分。他們屢屢在書籍中批評抄襲與造假，儘管歷史上許多學者避免不了這些被詬病的學術行為，但阿拉伯學術界始終尊崇所謂「有學術信賴度」的學者，表達阿拉伯人對於首創者的尊崇與對抄襲者的不屑。

艾巴斯時期以前的阿拉伯學術成果往往藉由口耳相傳來保存。文字記載普及之後，學者們為了維護消息的正確性及首創者的權利，而興起引證之風，學者們在引證時，往往會以資料溯源的方式行文，譬如：「我聽某人說，某人聽某人說，某人再告訴某人……」一直溯源到訊息源頭。許多古書都是使用這種引證的方式，譬如聖訓、《詩歌集》等。

中世紀書籍的作者在著書完成之後，往往會自行標上母音，裝訂好送到書商去謄寫，並保留一份在身邊以便繼續校對。文人很重視書法的美觀，著名的書法家便得以名垂青史。若作者未完成書籍的撰寫便與世長辭，他的弟子會幫他完成遺著，讓他的書見諸於世。有些著名的史書，譬如拓巴里的《民族與諸王史》（*Tārīkh al-Umam wa-l-Mulūk*），後人便在拓巴里過世後，繼續完成後來歷史的撰述。因此，許多的古書便以「……尾書」（dhayl）為書名，表示是補寫該書未完成的部分，這項工作通常由作者的弟子執行。

研究方法的形成

阿拉伯人的學術研究方法，可以下列學者作為各階段的代表：

1.「化學之父」加比爾（Jābir bn Ḥayyān, d. 815）

加比爾強調運用經驗法則與實證來尋找真相的重要性，並應用在蒸餾、液化、鍛燒等方法上，譬如發明了寶石與珍珠染色方法及製造高級彩色玻璃的方法。他也用動物的毛髮、骨頭做化學實驗。[8]他認為沒有經過實證的知識是無益的，他的方法與今日的科學研究方法幾乎相同。

2. 加息若（d. 868）

加息若認為「懷疑」是必要的，然後要求證。[9]他領先歐洲人數世紀率先提出以「親眼所見」來擷取資料，強調第一手資料的擷取與實證的益處。這種觀念影響了日後阿拉伯人科學的研究方法與發展，也影響十六世紀歐洲的科學研究方法。

3. 穆斯林醫師剌奇（d. 925）

剌奇著重經驗與證據，認為若事實與理論相矛盾，則應選擇事實，他認為親眼所見勝過強勢的理論。他是第一位用動物做醫學實驗的醫師，他並將病人分類做實驗，經過分析後再做結論。

4. 伊本・海山姆（al-Ḥasan bn al-Haytham, d. 1039）

伊本・海山姆即西方熟悉的 Alhazen，他出生於伊拉克文化城巴舍剌，是世界第一位提出「科學方法」的學者。他任教於埃及阿資赫爾大學，強調要遵循研究的條件，比較各種不同的狀況，仔細的觀察，並認為五官的感覺可能會造成錯誤，甚至於理智都可能有錯判的可能性，但人是可以透過一些方法找出錯誤的。因此，他所採行的研究方法是依靠歸納，然後實驗，並排除情感好惡因素。凡此都在他的《光學書》（*Kitāb Al-Manāẓir*）中呈現。他因此被視為「科學方法之父」，也是實驗心理學及精神物理學的始祖。歐洲文藝復興之初，歐洲人便受益於伊本・海山姆的研究方法，至今他的科學方法論已施行千年未變。

5. 文史哲學大師伊本・卡勒敦（Ibn Khaldūn, d. 1406）

伊本・卡勒敦將科學實證的方式運用在史學與哲學上，對於歷史事件加以求證，充分展現了阿拉伯人的智慧與創新能力。

學術座談的傳統

二十世紀著名的黎巴嫩才女麥・奇亞達（May Ziyādah）每星期二在家中舉行座談會，並成立「文學俱樂部」。許多當時著名的阿拉伯文人和西方的東方學學者都聚集在她家，包含現代大文豪拓赫・胡賽恩。這是阿拉伯世界傳承自祖先的學術風氣，無論是官方或私人座談，都行之有年。

二十世紀中葉，科威特建國之後，民間設立許多的「迪瓦尼亞」（ad-Dīwānīyah），是古代座談會的延伸。「迪瓦尼亞」可以稱之為民間的政治、社會、經濟與文化政策座談會。人們在座談會裡討論國家各層面最新的問題。會場是在住家旁獨立的長型大廳，親友面對面坐在沙發上討論時事，類似民間議會，也是從政者宣傳理念及吸引支持者最早的場所。

回顧伊斯蘭興起之後，阿拉伯地區諮詢之風盛行，正統哈里發經常舉辦座談，邀請學者、文人聚集一堂。早期座談內容多數是與政府的政策和民生相關，猶如今日的眾議院議題。隨著文明的發展，到了艾巴斯時期，不僅哈里發、王公貴族與大臣廣開座談會，富賈、文人私宅座談會之風亦盛行於各城市。這些集會有些是純學術性質，有些會伴隨詩歌、樂女、歌女助興，性質和內容非常多元。尤其是在哈里發赫崙・剌序德及其子馬俄門時期，許多學術議題在座談會中討論，並達成共識，流傳在文人界中。這些遍布各地的座談會刺激了文人的思考及學術的發展，許多文人更因一場座談會而聲名遠播。倘若因此得到哈里發的賞賜，更會有享不盡的榮華富貴。

歷史上最擅長主導學術座談的人要推艾巴斯時期哈里發馬俄門。由於他本身便是一位思想家，愛好學術的特質，讓他時常舉辦大型的學術座談會。他邀請的學者包含各民族與各領域專家，對於這些人的特殊文化與飲食習慣都細心的照料。任何一席的座談裡，他都擅長如何引言及如何創新，譬如他會阻止承襲傳統的學者引證《古蘭經》或《聖經》，鼓勵理性辯證。他反傳統的思想深受外族的影響，也影響阿拉伯學術甚深，「古蘭經被造說」便源自此時。他派出大批「智慧宮」（Bayt al-Ḥikmah）學者，以科學方式測量北極的緯度等，證實希臘學者主張的「地球球狀說」。馬俄門也是阿拉伯史上非什葉派政權下唯一具有什葉派思想的哈里發，他的名言如：「人有三種：如午餐之人，不得缺少；如藥物之人，生病時需要他；如疾病之人，令人厭惡。」「誰教我一字，我就是他的奴僕。」至今仍流傳在阿拉伯人口中。

阿拉伯的書商往往也是文人，他們經常在書店舉辦各類學術座談。譬如十一世紀《目錄學》（*Al-Fihrist*）的作者伊本・納迪姆（Ibn an-Nadīm），以及十三世紀《地名詞典》和《文學家詞典》（*Mu'ajam al-Udabā'*）的作者哈馬維（Yāqūt al-Ḥamawī）便是書商，經常在他們自營的書店舉行座談會。伊本・納迪姆的書店二樓便是文化廳，除了是文人座談會場外，還供應食物和點心。《詩歌集》（*Al-Aghānī*）作者阿舍法赫尼（Abū al-Farj al-Aṣfahānī）便常在書店與詩人們聚會座談。

然而，歷史也不乏一些學術冤案發生在座談會中。最著名的案例是《書》的作者西巴威合在哈里發赫崙・剌序德的座談會上與庫法學派始祖齊薩伊的爭議。庫法學者提出一百個語言問題，並一一否定西巴威合的答案，集體以學術霸凌西巴威合。齊薩伊並將一個該用主格的人稱代名詞，使用了受格位。西巴威合堅持應使用主格位。此時大臣請來貝都因人裁決，這些人集體趨炎附勢支持齊薩伊，使得西巴威合蒙冤而去，並鬱鬱而終。[10]

從學術座談裡可以洞見許多學者的學術人格，譬如齊薩伊儘管是一位宗教暨語言學者，學術品格卻讓後人對他嗤之以鼻。類似這種「學閥」的現象，儘管各時期都能發現一、二，卻在古籍裡飽受批評，因此自古阿拉伯學術界文人的風骨包含「求真理」、「說真話」。

清真寺教育

阿拉伯語「大學」（jāmi'ah）一詞來自經院教育的清真寺（jāmi'），凡欲研究阿拉伯教育，都需了解清真寺經堂教育的發展，因為阿拉伯教育的初始是宗教教育。

伊斯蘭興起後的三個世紀內，清真寺除了是穆斯林禮拜處之外，同時也是最高法庭。領導人會在星期五的聚禮對民眾講話，遇到關乎民眾的重要事件時，人們也會在清真寺集會。清真寺另一項功能則是教育場所，教師在清真寺開課，學生圍著老師聽課，一堂課稱之為 ḥalqah。兼具這些性質的著名清真寺有麥地那的先知清真寺、埃及的阿資赫爾清真寺、摩洛哥菲斯城的格剌維尹（al-Qarawiyīn）清真寺、哥多華清真寺等。伊斯蘭曆四世紀末至今日，阿資赫爾清真寺的課程包含宗教與世俗的學科，如醫學、化學、天文、音樂、體育等，比歐洲的大學教育還早約兩個世紀。四世紀初起，安達陸斯的清真寺收了很多歐洲學生，包含基督宗教徒。歐洲人將清真寺中的教學課綱與教學方法引進歐洲。

漸漸地清真寺的課程增加許多其他學科，諸如語言、歷史、醫學、數學等。學習活動更增加研討、辯論。清真寺教育中教師擁有選擇課程、內容、方法與時間的自由。學生則可以選擇要上哪一些課程，跟隨哪一位老師學習等。伊斯蘭世界各地的學子，若聽說哪一位名師至某清真寺任教，便競相前往求學，對於有意願學習者，清真寺給予完全的自由。在課堂上任何學生都可以提問，甚至能和老師、同學辯論。若老師無法解答學生問題，他會因失去學生的信任而辭職。學生學習沒有年限，也可以隨時自由離去。寺方將學生分為二類：其一是常規生，亦即從早上到下午在寺裡上課，直到整個課程結束為止，若有私事，須向老師請假；另一類是旁聽生，可以自由選擇課程與時間聽課。

高階課程上課時間的安排，通常上午教授人文課程，譬如教法學、經注學、句法學、詞法學等。午後上科學課程，如數學、幾何、天文學、醫學。下午上背誦、對話和冥想的課程。每門課上課時間約一至兩小時，星期五和節日放假。要完成所有學習階段需要十二年的時間，高等課程的學生年齡大約是從十六歲開始。然而在最初階段，學生是否適合學習是最大的考量，年齡並無任何限制。

清真寺教育經費來自宗教部門，有時哈里發及王公貴族亦捐獻贊助，包含提供學生衣食，學費全免。阿資赫爾清真寺學生還可領月俸。清真寺四周是學生宿舍，依據學生原居地而分為大敘利亞學生區、大摩洛哥學生區、蘇丹學生區、土耳其學生區等。

學校教育與圖書館

私塾（kuttāb）教育在伊斯蘭興起前便存在，其宗旨在教學生寫字、讀書。伊斯蘭興起後，普設私塾，型態相當於今日的小學，有些西方人翻譯成「古蘭經學校」（Qur'ānic schools），學生學習讀和寫、《古蘭經》及阿拉伯語文等。逐漸地加入數學、文學、語法及體能訓練，譬如射擊和體育課程等，並成為教育階段之一。完成了私塾教育可銜接清真寺教育，而後學校教育。

根據史書的記載，私塾有大有小，往往附設在清真寺旁。有些私塾佔地面積非常廣，可容納數千名學生，校內可以騎驢子，譬如十世紀穆厄塔奇拉學派（al-Mu'tazilah）學者巴勒其（Abū al-Qāsim al-Balkhī）的私塾學生人數達三千人。中世紀阿拉伯人統治的西西里島一座城市的私塾數目達數百所。王公貴族的宮殿也設私塾，學生家長可參與課綱的籌劃，教師有如家庭成員，地位崇高，往往在宮裡擁有其私人的住所，穿著有如貴族一般。直到二十世紀三十年代，沙烏地阿拉伯的教育大多數都是私塾型態，尤其是女子教育，王室並設有其成員的私塾。

隨著疆域的擴充與外族融入伊斯蘭社群的影響，清真寺與私塾教育已經無法滿足多元文化的社會，而發展出高等教育，即所謂的 al-madrasah。學校的學費全免，學生不分貧富與階級，一視同仁。一般的學校學生分為住宿生和通勤生。住宿生來自異鄉或是窮人，他們的吃、住、學習都由學校供應。通勤生下課後便回家。每所學校設有教室、清真寺、學生宿舍、食堂、圖書館、浴室、廚房等。有些學校還有教授休息室、研究室、教師宿舍、工友宿舍和戶外運動場。老師有特殊的服裝以別於其他職業，通常戴黑色纏頭巾、披頭巾。埃及法堤馬政權時期老師戴綠色纏頭巾。

教師的社會地位崇高，薪資則因其程度而異，譬如私塾教師往往貧困。有些私塾老師靠家長的財物資助，然而宮廷的私塾老師通常富有並享尊榮。高等教育的教師能領優渥的固定薪俸，並常得到國家機關及王公貴族的賞賜。執政者一般會禮遇知名的教師。有些教師被重用為法官或大臣，甚至有哈里發會因自己不能為人師，引為畢生的遺憾。

◆尼查姆學院

許多阿拉伯古籍，將最早的學校溯源到艾巴斯時期大臣尼查姆（Niẓām al-Mulk）於1065年所創立的尼查姆學院。尼查姆學院除了設立在巴格達之外，還普遍設於許多伊斯蘭城市，譬如伊拉克的摩蘇里、巴舍剌、波斯的阿舍法含（Aṣfahān）、尼薩布爾（Nīsābūr）等城市。儘管在尼查姆學院之前便有格剌維尹大學、翟土納（az-Zaytūnah）大學、阿資赫爾大學，但都屬於經堂教育模式。尼查姆學院的聲名建立在其優良的師資、教學方法及教材上。

當時尼查姆每年花費六十萬金幣在教育上，他親自挑選有實力的專業學者任教，規劃教學目標與方法，充實學校設備，提供學生宿舍。有些文獻記載，此校學生宿舍每個人有單獨的房間。尼查姆並重視營造學習環境、充實圖書設備等。因此得以網羅許多當代知名的學者，如佳撒立蒞校任教。學者們也都以在此學校任教為榮，甚至於許多其他學派的學者，因為此校屬於夏菲邑（ash-Shāfi'ī）學派，而自願改變為夏菲邑學派。

◆穆斯坦席里亞學院

另一所指標性學校則是哈里發穆斯坦席爾（al-Mustanṣir bi-Allāh）1233年設立的穆斯坦席里亞學院（al-Mustanṣirīyah），是最早的素尼四大法學派學院，每一派有六十二位法學家。[11]此學院建於巴格達城東底格里斯河畔，歷時五年完成。房間圍著建築物的四面，成為伊斯蘭學校的典型建築。學校的開幕式由哈里發親自主持，哈里發並派人充實其圖書館。校園裡設備齊全，除了教室外，有食堂、宿舍、醫院、清真寺、澡堂、八萬冊藏書的圖書館、研討屋等。此學院學生修習的科目非常多，包含人文的哲學、教法學、聖訓、古蘭經，以及實驗科學，如醫學、數學、藥學等。

◆智慧宮

現代許多阿拉伯教育研究者認為，最早非清真寺教育的模式應該推溯到艾巴斯時期哈里發赫崙·剌序德所建的「智庫」（Khizānah al-Ḥikmah），以及其子馬俄門哈里發在「智庫」的基礎上擴建的「智慧宮」。智慧宮對學術貢獻甚大，可以稱之為大學，也可說是一座研究中心，許多人也視它為圖書館。

阿拉伯人自艾巴斯時期起便重視圖書館的功能，圖書館裡往往設備齊全，除了閱覽室的四周放置開架式書櫃，供人閱讀之外，館裡尚有閱讀室、謄寫室、研討室等，有些圖書館設有音樂室供疲倦的閱讀者紓壓。

自古以來阿拉伯圖書館的目錄就包含作者與書名的查詢

功能。外借書籍要付保證金，對知名的學者則加以禮遇，採信任制，無須繳付保證金，譬如地理學家哈馬維一次可借一百本書。有些圖書館書籍不外借，僅借給某些大學者。書籍外借設定期限，不得轉借或在書上作註等，被借出去的書可以預約的方式，取得優先借書權。

圖書館成員包含館長、翻譯員、抄寫員、裝訂員、導覽員及清潔工。著名的圖書館館長往往是當代大師，譬如著名的散文學家薩合勒（Sahl bn Harūn）曾任「智慧宮」的館長。圖書館的翻譯員將許多希臘、羅馬、印度、波斯的知識翻譯成阿拉伯文，並將阿拉伯人的智慧結晶再回饋西方。抄寫員要遵循許多規則，包含不得擅自增減原書作者的原文等。

馬俄門哈里發在智慧宮內設翻譯館，引進大批希臘、羅馬、西西里島的書籍，當時他用一百隻駱駝載運書籍和手抄本到智慧宮，並網羅各地翻譯家翻譯這些書籍，帶動文藝、科學的發展。從曼舒爾（Abū Ja'far al-Manṣūr）哈里發至馬俄門哈里發時期，尤其是赫崙・剌序德及馬俄門兩位哈里發時期，藉由翻譯運動，達到阿拉伯世界與外族學術的交流，並因此讓阿拉伯學術達到巔峰，影響後來歐洲的文明發展。

從九世紀到十三世紀的阿拉伯人文、科學發展，皆與此宮有密切的關係。智慧宮裡有研討室、教室、翻譯館、天文台、閱覽室、謄寫室、書籍裝訂室、休息室、學人宿舍、員工辦公室等。學者與學人經常駐足此宮講學、撰書、翻譯、研究或求學，學人的衣食、住宿免費。

智慧宮存在約四個半世紀，1258年蒙古人佔領巴格達時把宮內書籍全數燒毀或丟進底格里斯河和幼發拉底河，以至於史學家記載當時河水連續三天被書籍的墨水染黑。二十世紀伊拉克總統胡賽恩時期，曾模仿舊宮再建。

◆智慧館

除上述機構之外，尚有一些中世紀的教育機構對學術貢獻很大，譬如十一世紀初法堤馬王國在開羅建造的「智慧館」（Dār al-Ḥikmah），是一座大型圖書館，也是學術會議場所，珍藏許多中世紀的手抄本書籍。此館曾遭祝融，鄂圖曼時期將此館藏書搬到土耳其收藏。

◆哈克姆圖書館

安達陸斯時期位於哥多華的哈克姆圖書館（Maktabah al-Ḥakam），又稱哥多華圖書館，十世紀時藏書約四十萬冊。據文獻記載，當時哥多華有七十座公共圖書館，有許多的抄寫員和裝訂員在館裡工作。一般人亦競相蒐集圖書和手抄本，擁有私人圖書館，蔚為風氣，哥多華文明繁榮景象不亞於東部的巴格達。

◆最早的大學

許多學者認為最早的大學起源於歐洲，從歐洲南部義大利往北發展，到法國再到英國，然後到美國。因此建於1088年義大利的波隆那大學（Università di Bologna）和色藍諾醫學院（Schola Medica Salernitana）、十二世紀法國的索邦大學（Sorbonne）、英國的牛津和劍橋都是現代人所認為世界最古老的大學。

義大利波隆那大學是西方大學教育的發源地，興建時期正值阿拉伯學術透過阿拉伯人所統治的西班牙，西移至歐洲的時代。根據當時阿拉伯各學術領域的知識傳播到歐洲的盛況，以及阿拉伯人與義大利人在商業上往來頻繁來看，阿拉伯人教育體制西傳至歐洲，應具有相當可靠性。當時阿拉伯版圖中出現幾所著名的教育機構：被金氏紀錄列為世界最古老的大學是公元859年摩洛哥菲斯城的格刺維尹大學，許多西方名人曾在此大學求學，譬如999年到1003年的教宗思維二世（Papa Silvester II）。第二所大學是被阿拉伯人認定為最早的大學翟土納大學（737），位於突尼斯。第三所是開羅法提馬政權所建的阿資赫爾大學（970）。這些大學皆教授各領域的知識，如語文、宗教、醫學、天文、數學、工程學等。

師生倫理

阿拉伯有一句諺語：「誰教你一字，你就是他的奴僕」，肯定老師的地位。至今教師在阿拉伯社會裡，仍享有崇高的地位。在教室裡幾乎無人會挑戰他的權威性。

卡立勒可說是阿拉伯學術師徒制的奠基者，他終生禁慾，生命充滿智慧，學生運用他的智慧而致富，他卻終身貧苦。學生們對卡立勒的崇敬，充分表現在他們的著作裡，建立阿拉伯學術上的師生倫理觀念。譬如許多老師與學生數十年相互依靠，一起深入沙漠採擷語料與歷史訊息，兩者的智慧相輔相成。

西巴威合在《書》中提到他的老師卡立勒的理論時，總是以「他——願阿拉憐憫他——告訴我……」來敘述，避開稱呼老師的名諱，並藉以紀念已過世的老師。若遇與卡立勒意見相左時，西巴威合總會避免在《書》的同一地方並列自己與老師相異的意見，而是將自己的理論置於他處，充分表現阿拉伯式的謙虛與尊師重道。後來的學者都遵循這種師生倫理，成為學術界的優良傳統，譬如十世紀語言學者伊本・晉尼（Ibn Jinnī）和他的老師法里西（Abū ʻAlī al-Fārisī）關係便是如此。

這種尊師重道的傳統被政治人物運用在訓練軍隊上，最顯著的例子便是埃尤比家族時期對外籍傭兵的訓練。士兵自幼便學習阿拉伯語言和文化，指揮官對士兵以師徒相稱，建立士兵絕對的忠誠度，歷史上他們建立了許多汗馬功勞，也適時捍衛了伊斯蘭政權。

阿拉伯傳統觀念裡，教師與學生內在修養上有一些共同點：對求知與教學要熱誠、認真。要固守基本原則與校規，品德與學養是他們的基本特質，自大、虛華與彼此攻訐是禁忌，追求真理是他們的目標。品德高超的阿拉伯人彷如古代華人一樣不屑追求名利，譬如卡立勒儘管一貧如洗，當巴舍剌總督派使者登門拜訪，邀請他擔任其子教師，他毫不猶豫地拒絕，使者仍企圖說服他。午餐時間到了，卡立勒見使者不願離開，基於阿拉伯人待客之道，傾家中所有來款待客人。使者見食物竟是硬梆梆的大餅，很是不解，為何窮困至此，卻不願意入朝享受。卡立勒對他說：「只要我還有這些大餅吃，我就不做官。」[12]

自古阿拉伯思想家就為教師設下許多條件，其中最重要的是不要羞於說「不知道」。教師要深入了解學生的性向，記憶力強者引導他研究聖訓，能深思且雄辯者引導進入哲學、法學及神學領域。並勸教師在飢餓、生氣、憂愁時不宜教學。學校通常不收資質不足的學生，與孔子「有教無類」的理念顯然不同。對於人的資質，卡立勒曾說：「人有四種，第一種人知道，也知道自己知道，這種人是學者，你們要追隨他。第二種人知道，卻不知道他知道，這種人是沉睡者，你們要喚醒他。第三種人不知道，也知道自己不知道，這種人是求知者，你們要引導他。第四種人不知道，卻不知道自己不知道，這種人是愚昧者，你們不要接近他。」[13] 換言之，並非所有人都適合受教育。

學生的基本素養是立意要純正，認真求學，學習心要堅定、持久。學生對老師人前人後都得尊崇，眼光要充滿尊重與感恩，將老師視為精神上的父親，效法他、護衛他。學生上課時不得喧鬧，要尊重比他年長的同學。課堂上要傾聽，不得對老師有不敬的態度和語言。至今教師這種權威性仍普遍存在各級學校中。教師具備的涵養則是要知識豐富、維護學術與真理、做學問認真、提拔傑出的學生、為人謙虛、品德高尚，尤忌言行不一。

現代大學教育發展

二十一世紀阿拉伯大學生人數快速增加。阿拉伯公立大學素質較私立大學為佳，近年來許多阿拉伯國家紛紛設立私校以滿足未能進公立大學的學生需求，然而私校素質卻參差不齊。

2009 年聯合國科教文組織對阿拉伯大學教育的研究顯示，十年來阿拉伯大學成長比例最高的是黎巴嫩、科威特、巴勒斯坦、沙烏地阿拉伯、突尼西亞、阿爾及利亞。有些國家如卡達、黎巴嫩、巴林、聯合大公國、巴勒斯坦，私立大學比率達百分之八十，有些國家如阿爾及利亞、伊拉克、摩洛哥、利比亞的私立大學比率在百分之二十以下，甚至無私校。許多原本男女合校的學校，近年來有趨向男女分校的趨勢，科威特便是一例，這些現象顯示瓦赫比教派的影響力日漸增強。

阿拉伯世界大學經常排名第一的紹德國王大學於 1957 年建校。沙烏地政府每年撥國家預算的百分之一給該校，因此其規模非常龐大，佔地面積是世界第二大，學生五萬餘人，共有二十四個學院，學校有十一座圖書館，圖書館總面積為六萬多平方公尺，藏書兩百多萬冊。大學附設兩所大醫院，是沙烏地風評甚佳的醫院。

沙烏地阿拉伯的大學儘管各校都收男女學生，但經常分開成兩個校區，譬如紹德國王大學校本部是男子部，女子部在另一區，兩區相距甚遠，女子碩博士研究所又與女子大學部分開成兩區。女子大學部的教授若是男性，上課時老師會到授課區以現場視訊教學，老師看不到學生，學生能在螢幕上看到老師，教室裡有助教，學生隨時可以向老師提出問題。女子研究所區則採一般教學方式，男老師與女學生一起在教室上課，女學生穿黑袍戴頭巾，但很少蒙面，因為一般人認為唸研究所的女學生心智是成熟的。由於校本部的設備遠勝過女子部，因此學校的設施，譬如總圖書館會在週末開放給女學生使用。

紹德國王大學博士班的女學生，每個週末可以到總圖書館找資料、借書，女生受到很細心的關照，如果需要任何稀有的書籍或手抄本，學校會負責幫忙索取。記得我的博士論文需要大量的中世紀手抄本，分別保存在不同的國家，包含埃及、科威特、土耳其。我向學校申請後，約一個多月，送到手邊的有手抄本的影印本和縮微膠卷，其中包含許多個人名義無法取得的手抄本影本，他們並徵得我的同意，以我的名字另存一份縮微膠卷在圖書館的縮微膠卷區。學校幫忙鋪陳的是一個充滿安全和信任的環境，學生無須擔憂任何因人際互動可能帶來的困擾，那是一種只需要努力和精進便能達到目標的安全感，校園裡沒有任何宗教或權勢的壓迫感，只有對真理的追求。

我曾參觀過沙烏地許多大學，有些新設立的私立大學採男女合班制，教室的格局很特別，上面一層是女生區，下面是男生區，女生可能看得到男生，但男生看不到女生。

阿拉伯大學生的專業領域有六成以上是人文與社會科學，人數最多的主修是管理與社會科學，其次是人文藝術以及教育。傳統重理工、輕人文的觀念，使得優秀人才集中在人數相對稀少的醫學院和理工學院。沙烏地阿拉伯便有一所「法德國王油礦大學」（KFUPM），QS 全球大學評比甚至曾躍升阿拉伯世界首位。

二十一世紀以來，阿拉伯各國大學數目持續增加，許多阿拉伯大學與西方簽約成立聯合大學，譬如約旦高等教育部和德國教育部協議成立德國學制的大學，目標在培育具國際競爭力的畢業生。該校並和德國許多大學簽訂雙聯學位制，讓學生赴德國修讀學分，作為畢業學分的一部分。沙烏地阿拉伯、阿曼、埃及、黎巴嫩、敘利亞、約旦許多公立大學與西方國家簽訂雙聯學位或共同學分制度。巴林則設立教育學院，與新加坡國家教育專校合作訓練師資，學生免學雜費，每月領薪資，畢業後分發到教育部各級學校教書。阿曼近年來師資過剩，因此將七所教育學院改為理工學院，修業五年，授予學士學位，與國際承認的大學合作，絕大多數課程採英文授課。有些西方國家大學在阿拉伯國家設立分校，招收學生，譬如阿布達比的法國索邦大學、伊拉克的荷蘭阿姆斯特丹自由大學等。

阿拉伯各國政府近年來進行許多教育研究計畫，以追求教育品質的優質化，譬如沙烏地自 2006 年起執行大學教師卓越與創新計畫，內容包含通訊技術、網路教學技術、學術領導技術、創意思考工程化、策略計畫等。又如阿曼進行私立高等教育畢業生評量計畫，進行研究私校畢業生的專業知識在職場表現的技術與能力，及其與職業要求的吻合度。

有些阿拉伯國家為了監督大學的素質，在二十世紀末開始成立大學評鑑組織，這些國家分別是沙烏地阿拉伯、約旦、突尼西亞、科威特、阿曼、聯合大公國、蘇丹、巴勒斯坦、突尼西亞、利比亞、埃及。這些評審會主要的目標在監督私校的成立及品質，譬如沙烏地阿拉伯的大學評鑑組織在財務與行政上完全獨立，受高等教育部的監督，其目標除了維護大學教育素質之外，尚需擔保大學畢業生的就業市場。

留學獎學金方面的成就首推沙烏地阿拉伯，政府遴選學生到海外攻讀學士、碩士及博士學位，至今超過五萬名公費留學生在世界名校攻讀學位，包含北美、歐洲、亞洲各國大學。

然而許多阿拉伯公立大學的生師比幾近三十比一，教授級教師僅佔約百分之十二，且有許多阿拉伯國家至今未成立大學評鑑制度、大學畢業生失業率高等，都是目前高等教育的問題。

註釋

1 al-Jāḥiẓ 1988, vol. 1, p. 50.
2 Ibn Mājah (224).
3 al-Tirmidhī (2682).
4 已經成為阿拉伯諺語。
5 Yāqūt, *Mu'jam al-Udabā'*, vol. 16, p. 122.
6 Ibid.
7 Muṣṭafā, p. 128.
8 Muḥammad, p. 4.
9 al-Jāḥiẓ 1988, pp. 171-175.
10 Yāqūt, *Mu'jam al-Udabā'*, vol. 16, pp. 118-120.
11 Ibn Kathīr 2003, vol. 17, p. 212.
12 Yāqūt, *Mu'jam al-Udabā'*, vol. 11, pp. 75-76; al-Mizzī, vol. 8, p. 331.
13 al-Mizzī, vol. 8, p. 328.

Chapter 8

語言與文字

阿拉伯語文不純粹是語言，不是溝通的「工具」，而是文明的避難所，是生命的動力。對於它，再詳盡的描述也無法呈現全貌，因爲它牽繫著千餘年阿拉伯人文化思想的脈動，古老而不朽。

世界最困難的語言之一

曾經有一位語文界的「長官」為了一句曖昧的話，急切地跟我解釋說：語言只不過是「溝通的工具」。除了當下的錯愕之外，腦海裡閃過許多因為語言的力量而產生的人類喜劇和悲劇。形諸文字的語文，更是文明的根，牽動人類的榮與辱。

阿拉伯語是聯合國第四大官方語言，除了二十二個阿拉伯國家的人民使用阿拉伯語文之外，它也是世界各地穆斯林的宗教語言。阿拉伯語與伊斯蘭密不可分，是《古蘭經》語言，是穆斯林引以為傲的文化根基。伊斯蘭國家數目逐漸在增加，今日穆斯林人數佔世界人口四分之一，以他們宗教世襲的觀念以及高生育率來看，有朝一日你我或許都將生存其中。

現在的標準阿拉伯語，大多數源自穆罕默德所屬的北阿拉伯古雷須族語言。《古蘭經》以阿拉伯語降世：「這些是明確的天經經節，我確已降下阿拉伯文的古蘭經，希望你們瞭解。」（12: 1-2）這種信念使得阿拉伯語文一千多年來維持穩定，甚少演變。阿拉伯語因此被穆斯林以「神聖」來尊崇，宗教因素讓它異於其他世界語言，深奧的語言規則對於講求速度的現代人，即使再不便於學習，也無法貿然執行任何根本性的改變，「革命」在阿拉伯語言發展上，是不存在的名詞，傳統與現代容易銜接。

阿拉伯語言與宗教緊密結合的特性，成為這個語言存在的最高價值。世界各地的穆斯林，無論其種族、血統，必須使用阿拉伯語誦讀《古蘭經》，因為《古蘭經》經文在穆斯林的認知裡是「奇蹟」，包含許多無法翻譯成其他語言的音韻、詞彙、意義與結構。根據這觀念，《古蘭經》不得字譯為其他語言，僅能解釋其意義。然而，放眼望去《古蘭經》的外文譯本不勝枚舉，在他們的觀念裡，那些都僅能稱之為外文「解釋本」。

阿拉伯語是閃語的一支，它的母語可推溯到古巴比倫語，現存的閃語只剩下阿拉伯語、希伯來語和古敘利亞語。從今日敘利亞西部出土，而追溯到公元前二千多年的烏加里特語（Ugaritic）楔形文字中包含了所有阿拉伯語的子音來看，阿拉伯語保存了最古老的閃語語音。語言學者透過研究古巴比倫的《漢摩拉比法典》和其他兩河流域出土的泥板，證實阿拉伯語保留了古巴比倫語的特徵。阿拉伯語的不變性，使它較希伯來語在語言特徵上顯得更為古老。

然而，阿拉伯文字較阿拉伯半島附近民族的文字起源得晚。北阿拉伯文字起源於納巴拓人所借用的阿拉姆語字母，因為當時阿拉姆語盛行於阿拉伯半島，許多當地民族都使用該語言。若去過約旦，一定到過世界七大奇景之一的貝特剌（al-Batrā'）玫瑰城，那是當時納巴拓王國（169BC-106AD）的首都。沙烏地西北部的石頭城馬達因．沙立賀（Madā'in Ṣāliḥ），歷史推溯到公元前三千年，也曾經被納巴拓王國佔領，有類似貝特剌的建築特色，今日被聯合國列為世界遺產保護地，然而沙烏地阿拉伯直到近幾年才開放穆斯林的觀光簽證，許多文明古蹟鮮為人知。納巴拓阿拉伯人使用阿拉伯語，但文字是借用阿拉姆人的字母來拼寫阿拉伯語音，後來逐漸發展出今日的阿拉伯文字。也有學者認為阿拉伯文字起

納巴拓阿拉伯王國時期首都貝特剌城的入口是兩座石山間的峽道，長約一公里，高約八十公尺，具有天險，易守難攻。貝特剌也是古代往來中國和敘利亞地區載運絲和香料的駱駝商隊休息棧。（傅怡萱攝影）

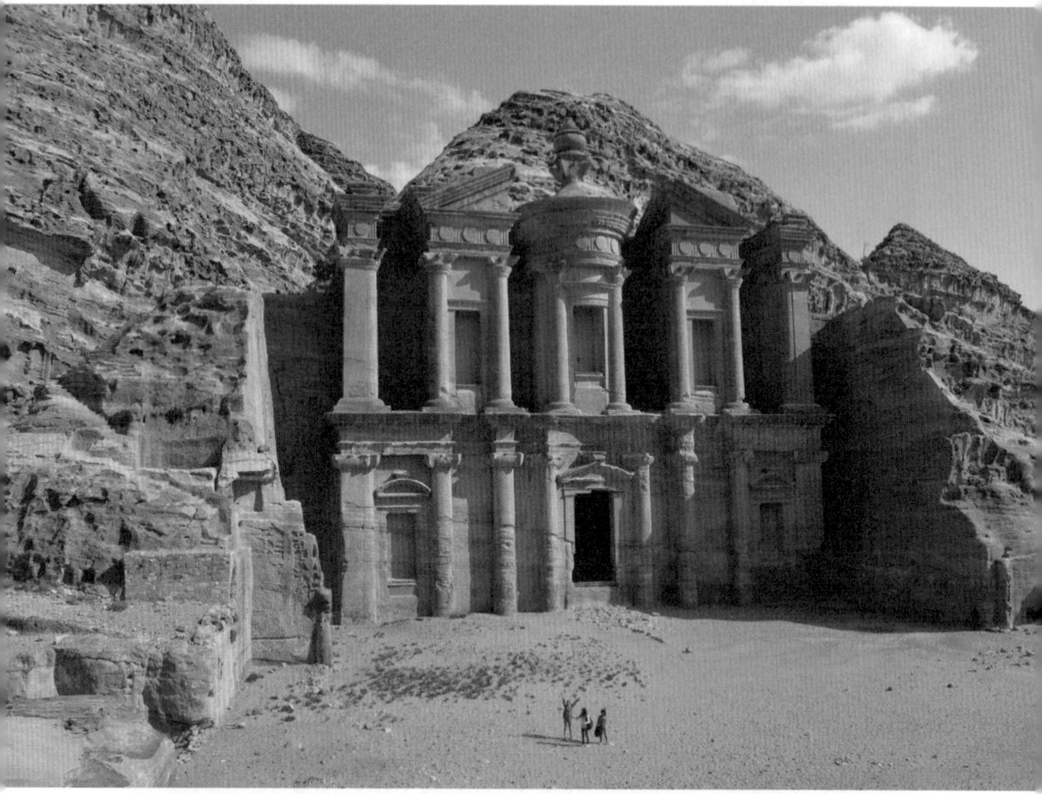

貝特剌城的代表性建築，在走完一線天的峽谷入口之後，面對的便是這座雕鑿在玫瑰色岩石山裡的神殿。（傅怡萱攝影）

源於南阿拉伯葉門的息姆亞爾語（Himyarite）。

息姆亞爾語曾經因為該王國的文明而叱吒一時，幾乎是南阿拉伯語的代表，其特徵承襲了它以前所有阿拉伯文明使用的語言特徵。歷史記載一位貝都因人到南阿拉伯葉門晉見息姆亞爾國王時，國王對他說：thib，在北阿拉伯語裡，此詞意為「跳！」，貝都因人就聽命跳了一下。國王再說第二次，他又跳一次。其實息姆亞爾語中，此詞意為「坐！」。[1] 這些古老南北阿拉伯語的連結，讓許多阿拉伯語言研究者著迷不已。如今較北阿拉伯語更為古老的南阿拉伯語鮮為人使用，幾乎成為歷史的遺跡，僅成為語言學的研究對象。北阿拉伯語成為標準阿拉伯語之後，甚至連阿拉伯詞典都鮮少記載這些曾影響北阿拉伯語的語言祖先。北阿拉伯標準阿拉伯語沿用至今，使用在書寫與正式場合的口說語言上。

阿拉伯人至今無法解決方言與標準語言兩者同時存在於一個社會的「雙言性」問題。書寫、演講、正式場合用標準語文；居家、朋友聚會及某些非官方的大場合卻用方言，學校裡有些老師上課時用標準語言，有些卻用方言。二十二個阿拉伯國家方言多於三百種。即使是標準語言，每個阿拉伯國家慣用詞彙又不同，儘管自古正統語言沒有經過革命，光陰卻分隔古代與現代語言，語法未變，詞彙、修辭與表達方式卻大幅改變，廣大的幅員也分隔了各地的語言。凡此都使得阿拉伯語成為世界最困難的語言之一。

阿拉伯語法的制定

最初阿拉伯人研究語言的動機在順應大環境的變化，除了維護古蘭經語言，避免受當時阿拉伯半島上日愈增加的外族語言影響之外，最重要的是在統一語言。他們將希臘哲學運用在語言上，建立許多語言理論。隨著語言學的興盛，許多語言內涵及相關領域的研究逐漸發展成獨立學門，如語音學、音韻學、詞法學、句法學、語意學、修辭學等，各領域的著作豐富，內涵深遠。

最早研究阿拉伯語音而具貢獻者是語言學大師卡立勒。卡立勒上自天文下至地理，幾乎無所不通。在語言學領域，他是巴舍剌學派的創始人，為阿拉伯語言學建立了功不可沒的成果，使之在世界語言學史上佔據承先啟後的地位。他與其他語言學者成功地將哲學概念運用於語言學中，其中最偉大的成果是「原置」（aṣl al-waḍ‘）和「作用詞」（al-‘āmil）的理論。阿拉伯語言中的「原置」，便是哲學中「界定」發展出來的概念。「原置」表達的是原始狀態，若脫離了「原置」，則必有原因可循。透過「原置」的觀念而延伸出「作用詞」的理論，類似現代語言學者所說的「變因」，因為某些作用詞的存在，而脫離「原置」的狀態。透過「作用詞」理論，得以邏輯性的解釋語言現象並加以運用。

世界上研究阿拉伯傳統語言學的人非常稀少，加上語言的隔閡，以致許多珍貴的思想無法傳遞到今日語言學家的研究裡。阿拉伯古人在闡釋卡立勒的作用詞理論，往往將焦點放在兩個基本的觀念，其一是「零」或「空」。他們將這種不存在的作用詞以抽象觀念來解釋，譬如名詞句由起語和謂語所組成，兩者皆呈主格位，謂語受起語作用而呈主格位，換言之，起語是謂語的作用詞。而起語的主格位則以「零」的觀念所延伸出的抽象概念「開端」（al-ibtidā'）來解釋。舉例來說：Badrun karīmun（巴德爾是慷慨的）這個句子的起語 Badrun 發主格音 un，謂語 karīmun 同樣發主格音 un，karīmun 的主格是受 Badrun 的作用，因此這個句子的 Badrun 是作用詞。而 karīmun 的主格作用詞則是抽象的「開端」觀念。語言學中許多的解釋環繞著抽象的觀念，「原置」便是其中之一。雖然在許多層次上，「原置」無異於「零」，但在解釋語音、音韻和句法的現象上，「原置」概念顯得游刃有餘。

另一類作用詞是具體的詞彙，原始的作用詞是動詞，但名詞和虛詞都有可能是作用詞，譬如 In tajlis ajlis（如果你坐下，我就坐下），In（如果）是虛詞，它對動詞 tajlis（你坐下）作用，使得它呈祈使格位。而 ajlis（我坐下）也呈祈使格位，表面原因是 In 的作用，深層原因則是 tajlis ajlis 是一個句構單位，猶如起語與謂語及動詞與主詞的關係一樣，兩者呈現依附關係。In 為作用詞的闡釋，將抽象的概念具體化，讓深奧的語言結構變成人人都能習得的知識。

卡立勒所著篇幅長達七冊的詞典 *Al-'Ayn*，[2] 是第一部阿拉伯語詞典及語音學書籍，在這部書的第一冊中，他描繪阿拉伯子音和母音的發音部位、音長等。從現代的聲譜儀器實驗中顯示，他對絕大多數的阿拉伯語音描述都稱準確。整部詞典的安排是依照字母發音部位的深淺次序，而非字母次序，並以三詞根為一單位，按照排列組合方式構成六詞條，置於同一詞根中。他並注意到某些語音的特殊性，將幾何與語言融合在詞典中，他複雜的思緒始終無法令人理解，他編撰詞典的特殊方式因此無法延續，後人僅能依據他對詞根的概念，繼續「改良」詞典的編排。

西方語言裡的阿拉伯外來語

許多阿拉伯詞彙在發音上與其他語言雷同，究竟其源為何，有些已經不可考，因為阿拉伯人在中世紀疆域橫跨歐、亞、非三洲，許多領域成就凌駕歐洲，並透過安達陸斯傳至歐洲，許多詞彙也因此西傳。東方學學者研究西方語言裡的阿拉伯語外來語時，發現西班牙語有四分之一的辭彙是來自阿拉伯語，葡萄牙語有三千個阿拉伯詞彙，法語有七百個，英語裡有超過一千個阿拉伯詞彙，所有以 al（阿拉伯語的限定詞）為首的名詞，都是源自於阿拉伯語。英語裡的阿拉伯詞彙包含天文、數學、醫學、化學各領域及一般生活用詞，有些意義上發生變化，大多數詞彙仍維持原本的意義：

- alcalde（市長）：來自阿拉伯語的 qāḍī（法官）。
- alcaide（督軍、典獄長）：來自阿拉伯語的 qā'id（指揮官）。
- alcohol（酒精）：此詞來自阿拉伯語的 ghaul（麻醉物）。其典故出自《古蘭經》對天堂酒的描述經文：「醴泉中無麻醉物，他們也不因它而酩酊。」（37: 47）由於拉丁語中無 gh 的語音，而 al 是阿拉伯語的限定詞，故音譯成 alcohol。
- alkali（鹼）：來自阿拉伯語的 qalāy（鹼）。
- amber（琥珀）：由拉丁文 ambra 而來，來自阿拉伯語的 'anbar（琥珀）。

- apricot（杏仁）：來自阿拉伯語的 al-burqūq（李子）。
- assassins（刺客）：來自阿拉伯語的 al-Ḥashshāshūn，是什葉派的伊斯馬邑勒（al-Ismā'īlīyah）支派組織，十一至十三世紀活躍於波斯、敘利亞山區的暗殺集團。此組織創始人哈珊．本．沙巴賀（Ḥasan bn aṣ-Ṣabbāḥ, d. 1124）因政治理念的歧異，於 1081 年離開開羅到波斯北部山區，得到群眾的支持，而組織以暗殺為手段的團體。
- attar（花油）：來自阿拉伯語的 'iṭr（香水）。
- caliber（口徑）：來自阿拉伯語的 qālib（模子）。
- camel（駱駝）：來自阿拉伯語的 jamal（駱駝）。
- canon（教規）：來自阿拉伯語的 qanūn（法律）。
- castle（城堡）：來自阿拉伯語的 qaṣr（宮殿），西班牙語中加上限定詞而成為 alcazar。
- cattle（家畜）：來自阿拉伯語的 qaṭī'（畜群）。
- chemistry（化學）：來自阿拉伯語的 kīmiyā'（化學）。
- coffee（咖啡）：來自阿拉伯語的 qahwah（咖啡，原意：酒）。
- cotton（棉花）：來自阿拉伯語的 quṭun（棉花）。
- cup（杯子）：來白阿拉伯語的 kūb（杯子）。阿拉伯語言學者對於《古蘭經》經文：「捧著杯和壺，以及滿杯的醴泉」（56: 18）都以杯 kūb 是無手柄，而滿杯（ka's）是裝滿飲料或酒的杯，來分辨兩者，並認為 ka's 是有手柄的杯。

- curcuma（薑黃）：來自阿拉伯語的 kurkum（薑黃）。
- dragoman（譯者）：來自阿拉伯語的 turjumān（解說員）。
- elixir（煉金藥）：來自阿拉伯語的 al-iksīr（點金石）。
- Fakir（苦行僧）：來自阿拉伯語的 faqīr（窮人）。
- fustic（黃顏木）：來自阿拉伯語的 fustuq（花生）。
- gazelle（蹬羚）：來自阿拉伯語的 ghazāl（羚羊）。
- giraffe（長頸鹿）：來自阿拉伯語的 zirāfah（長頸鹿）。
- hashish（大麻麻醉劑）：來自阿拉伯語的 ḥashīsh（大麻）。
- henna（指甲花）：來自阿拉伯語的 ḥinnā'（指甲花）。
- harem（妻妾）：來自土耳其語，土語取自阿拉伯語的 ḥurmah（女人）。
- jar（廣口瓶）：來自阿拉伯語的 jarr（甕）。
- jasmine（茉莉）：來自阿拉伯語的 yasamīn（素馨花）。
- jinn（神靈）：來自阿拉伯語的 jinn（精靈），與「人類」是相對的名詞，魔鬼屬於此類。

- julep（糖漿藥水）：來自阿拉伯語的 julāb（玫瑰水）。
- kohl（化妝墨）：來自阿拉伯語的 kuḥl（銻石、眼線液）。
- lemon（檸檬）：此詞取自拉丁語 lymon，來自阿拉伯語的 laymūn（檸檬）。
- lute（魯特琴）：來自阿拉伯語的 al-'ūd（魯特琴）。
- magazine（彈藥倉，雜誌）：來自阿拉伯語的 makhzan（儲存櫃）。
- monsoon（雨季）：來自阿拉伯語的 mawsim（季節）。
- muffti（穆夫提）：來自阿拉伯語的 muftī（穆夫提）。
- mummy（木乃伊）：來自阿拉伯語的 mūmiyā（木乃伊）。
- musk（麝香）：來自阿拉伯語的 misk（麝香）。
- orange（柳橙）：來自法語 orange，而法語來自波斯語的 naranga，波斯語則來自阿拉伯語的 nāranj（酸橙）。
- shaffran（番紅花）：來自阿拉伯語的 za'farān（番紅花）。
- sherbet（果汁牛奶凍）：來自阿拉伯語的 sharāb（飲料），中世紀阿拉伯人運用化學知識，製作可以保存數月的各種飲料。
- sugar（糖）：來自阿拉伯語的 sukkar（糖）。
- zero（零）：英語來自法語，但發音不同，取自拉丁語 zephirum，拉丁語則來自阿拉伯語 ṣifr（零）。

阿拉伯語音的特性

阿拉伯語音發音部位分布非常均勻，從喉嚨最深處到唇齒音，幾乎都使用到。發音方式的清濁、輕重、渾厚和清脆等彼此平衡，因此阿拉伯語言在聽覺上非常悅耳，許多人更因為聽到《古蘭經》誦經聲，而深受感動，雖然不識阿拉伯語，卻因此信奉伊斯蘭。阿拉伯人經常口耳相傳阿姆斯壯登入月球時，在太空聽到宇宙之聲，返回地球到了埃及，才發現那是清真寺的宣禮聲，他因此信仰伊斯蘭。記得在耶路撒冷的岩頂清真寺（Qubbah aṣ-Ṣakhrah）裡聽到有如天籟之聲的《古蘭經》經文時，也曾不自覺地望著高聳的圓頂，而淚流滿面，感覺這些美妙的語音與伊斯蘭藝術完美的結合，觸動了深藏的靈魂。

標準阿拉伯語是唯一完全寫出長母音的閃語。同為閃語系的希伯來語或古敘利亞語，便很少寫出長母音。至於短母音、輕音以及疊音符號，則遲至公元七、八世紀阿拉伯學者才制定出來。希伯來語亦仿效阿拉伯語，制定短母音符號。

阿拉伯短母音符號的制定，起源於中世紀宗教學暨語言學家阿布・阿斯瓦德。他將整部《古蘭經》用紅筆標出每個母音，如果發 a 音，則在子音上點紅點；發 i 音，則在子音下點紅點；發 u 音，則在子音前點紅點；如果帶鼻音，就點兩點。對於輕音，他不做任何標記，因為不標出符號，便視同母音不存在。此後的麥地那和巴舍剌學者，繼續作改良，而形成今日可以用同一顏色的筆標出的語音符號。他們並增加許多其他符號，譬如表陰性的符號、與長母音 ā 幾乎相同的符號、常與子音結合的 hamzah 等。改良後的輕音符號運用阿拉伯人所創對「零」的概念，在子音上標示小圓圈，表示此子音並無韻母存在；u 的語音符號則用阿拉伯子音 w 的符號來標示；a 的符號則用長母音 ā 的符號標示在字母之上；i 的符號則用長母音 ī 的符號標示在字母之下，隨著時間漸漸簡化成如長母音 ā 的符號形狀。

派生性與同義詞

儘管「派生現象」存在於許多語言中，但阿拉伯語的派生現象結合自古發展出來近乎氾濫的語言類比觀念，使得阿拉伯語的詞彙不斷的發展，成為阿拉伯語言的一大特色。阿拉伯人的任性與固執也充分表現在他們對語言的理念與實驗裡，自古至今未曾有太大的變化。

阿拉伯人以「主幹」和「分支」的觀念來解釋語言派生現象，主幹是源，分支是派生詞，猶如在宗教上他們認為男人是源，女人是分支的概念一樣。主幹所派生出的各分支，因其型可以歸納出相同的意義，譬如k、t、b是主幹的結構，其分支可能因短母音、長母音的不同或因增加子音而改變意義，譬如 kataba 意為「他寫了」，ikatataba 意為「他抄寫了」，inkataba 意為「編寫好了」，kātib 意為「書寫者、作家」，kitāb 為「書」，maktabah 為「圖書館」，maktab 為「書桌、辦公室」……以此類推，所有此主幹的派生詞都脫離不了它的根本意義「書寫」。前綴、中綴、後綴、環綴均衡的存在詞彙裡，分擔表達意義的職責，尤其中綴的普遍存在，在語言學上獨樹一格。因此，派生詞意義可以包含各型態的動詞、動名詞、主動名詞、半主動名詞、被動名詞、比較名詞、所屬名詞、時間名詞、地方名詞、工具名詞等。此外在阿拉伯語裡還有所謂的大派生，即以三詞根為單位，依據排列組合形成六種詞根，此六詞根依據學者們的研究，亦能推溯到同一個「源」的基本意義。根據統計，在阿拉伯語最大的詞典《新娘鳳冠》（*Tāj al-'Arūs*）裡包含了八萬個詞條，阿拉伯語詞彙量之豐富令人嘆為觀止。

阿拉伯人引以為傲的是他們的語言詞彙量非常豐富，被認為是地表最豐富的語言。這種現象來自於阿拉伯語中許多詞彙有大量的同義詞，依據語言學者的統計，譬如駱駝便有六千多個同義詞。阿拉伯學術界常用的詞典《阿拉伯人的語言》所載的詞條，動物、武器、食物等名稱的同義詞非常多，譬如獅子同義詞有 350 個，母駱駝有 255 個，蛇有 100 個，蜂蜜有 80 個。

中世紀在阿拉伯詞典編撰期之前，學者們經常隨性地著作小冊子，蒐集各種同義詞，因此有所謂的《駱駝書》、《馬書》、《劍書》等，蒐集駱駝、馬、劍等詞彙的同義詞，解釋各同義詞之間細微的意義差異，形同詞典。這些都反映阿拉伯人對人、事、物細膩的觀察力。譬如駱駝的同義詞包含駱駝的各種狀態：剛出生的駱駝、出生後能站起來的駱駝、未斷奶跟著駱駝媽媽的小公駱駝、一歲剛斷奶的小公駱駝、坐下休息的駱駝、奔跑的駱駝、懷孕的駱駝、懷孕十個月的母駱駝、口渴的駱駝、飲水的駱駝、強壯的駱駝、生第五隻小駱駝的母駱駝、連生兩隻母駱駝的駱駝媽媽、連生十隻母駱駝的駱駝媽媽等，各有其名稱。這些同義詞在運用上能表達深層的意義，包含歷史文化的涵義等，閱讀者在阿拉伯語文上的素養，也會決定其對文本理解的程度。阿拉伯語文也因此時常跟學習者開玩笑，學習七、八年的人會認為自己阿拉伯語文程度很好；學習十幾年的人會覺得自己阿拉伯語文程度不好，開始謙虛；學習幾十年的人會沉默不語，因為他（她）寧願沉浸在大海般的阿拉伯語文裡。台灣諺語「麥穗要飽滿才會垂頭」在阿拉伯語文研究領域裡，得到最好的印證。

變尾現象

「變尾現象」存在於一些古代語言及現代語言中，譬如古巴比倫語、拉丁語、希臘語、德語和俄語等。在阿拉伯語裡，詞類分為動詞、名詞和虛詞。動詞和名詞在句子中都佔有格位，動詞的格位有主格、受格和祈使格，名詞有主格、受格和屬格，依據各自在句子裡的地位而發尾音。格位的呈現方式往往是母音或尾音字母符號等。變尾現象最重要的職責是辨別句子的意義，也是阿拉伯句法學最主要的內涵，以致句法學又被稱之為「變尾學」，自古受到學者們的重視不亞於宗教學。猶如學習宗教一般，孩童們自幼便得學習有如數學公式的變尾口訣。不同於數學公式的是，你必須了解一句話的真實意義，才有辦法分析尾音。他們多數對此學門無法精熟，甚至於畏懼，因為有時尾音的判辨非常困難，一般人因此畏懼將尾音唸出，以掩飾自己對語文不精的弱點，但是不唸出尾音又代表他的語文程度有問題。

艾巴斯時期詞法學的創始人赫剌（al-Harrā'）以他的學術地位，在臨死前道出所有阿拉伯知識份子的心聲：「我死

了心中還掛念著 ḥattā。」因為小小的一個詞彙 ḥattā 能影響尾音，造成整個句子的意義的改變，譬如：Akaltu as-samaka ḥattā ra'sahu 意為「我吃了魚，連它的頭都吃了」，此時的 ḥattā 是「連接詞」。若說 Akaltu as-samaka ḥattā ra'suhu 意為「我吃了魚，它的頭我也吃了」，此時的 ḥattā 是「開端詞」。若說 Akaltu as-samaka ḥattā ra'sihi 意為「我吃了魚，吃到它的頭（就沒吃）」，此時的 ḥattā 是「介系詞」。許多詞彙像 ḥattā 一樣，在不同的結構中表達不同的意義，並執行不同的功能。

不同的尾音會改變句子的意義，一旦尾音錯誤自然會引起誤會或不被了解。阿拉伯語法學興起的原因，或許誠如語言學者們所說，是為避免穆斯林誤解《古蘭經》的意義，追根究柢則是為了能夠精確的表達，以及了解阿拉伯文義。然而，變尾現象使得學習阿拉伯語的困難度增加許多，致使阿拉伯母語人士都很難寫出完全正確的文章。許多語法佼佼者通曉格位，知道主詞、受詞等，但提筆行文卻錯誤連連。因此二十世紀末葉埃及曾經試圖簡化阿拉伯語語法，想改變阿拉伯語的變尾特徵，使得普羅大眾都能輕易的用阿拉伯文書寫，但所有學者們提出的計畫案最終都被否決。因此，《古蘭經》對阿拉伯語言發展的影響力不容小覷，甚至可以大膽預測，阿拉伯人是不可能對標準阿拉伯語作根本性的改革，因為標準阿拉伯語是他們尊崇的神聖語言。

阿拉伯語的變尾現象，會使得一個句子的意義因為各詞尾音的差異而有所改變。譬如：Uḥibbu maktabata al-jāmi‘ati al-kabīrati，其意是「我喜歡這大型大學的圖書館」。但若 al-kabīrati 發音成 al-kabīrata，將尾音改成 ta，則意義會改變成「我喜歡這大學的大型圖書館」。由於阿拉伯語的書寫不會呈現短母音，換言之，究竟此句是何意，常常得依賴尾音或前後文來辨別。語言學者為了分辨意義模糊之處，不斷的歸納許多規則來分辨意義，卻與一般人的書寫或口語表達方式有距離，添增阿拉伯語文學習的困難度。

有關阿拉伯人因為尾音的差異所造成的誤解不勝枚舉，譬如語言學者阿布・阿斯瓦德的女兒在一個炎夏的正午有感的對他說：Mā ashaddu al-ḥarri，阿布・阿斯瓦德回答：al-Qayẓ（酷暑）。[3] 其實她應該說：Mā ashadda al-ḥarra（多麼熱啊！），前一句的意義因尾音使用錯誤所表達的意義是：「什麼是最熱的？」又如阿布・阿斯瓦德在清真寺聽到穆斯林在教導貝都因人誦讀《古蘭經》下列經文：Inna Allaha barī’un minal-mushrikīn wa rasūlahu（阿拉及其使者摒棄多神教徒）時，最後一詞讀成屬格位 rasūlihi，其意義於是變成

「阿拉摒棄多神教徒及其使者」。[4]

阿拉伯語短母音不顯示在書寫上的特點，乍聽之下可以幫助許多人藏拙，無奈許多尾音不是以短母音顯示，而是以字母表示其格位，因此阿拉伯語隨著社會的多元化，人們無暇專研語言，正面臨嚴重的挑戰。根據傳統的標準，報章雜誌，甚至於專業書籍都充滿變尾的錯誤，他們對延續《古蘭經》語言的執著，是否有益於語言的發展，顯然是一個嚴肅的議題。對於非母語的學習者者而言，這種分析尾音的過程，會幫助他理解句子的意義，猶如一種邏輯性的語言學習方法。

由於阿拉伯語變尾現象的特性，使得語言學者在艾巴斯早期便致力於句子的解析，尤其是《古蘭經》的解析，將句子拆解成最小分子，使得句子的結構透明易懂。這方面大量的著作留存至今，現代語言學者仍舊承襲古人的方法，致力於解析句子，成為制式的句法學研究方法。

幾乎每一位語言學者都非常重視尾音的正確性，因為句法學的主要內涵便是在研究每一詞的尾音。自古阿拉伯語言學術界發生許多學術冤案，幾乎都圍繞著尾音，至今依然。我見過許多語言學界的人士因為忌妒某人的學術聲望或成就，或因私人恩怨，刻意在學術研討會中針對此人所發表的言辭挑出尾音的錯誤，藉以打擊對方，甚至給以難堪。這種刻意的攻擊幾乎人人都會成功，因為這是每一個說話者都可能犯的疏忽，除了可能口誤之外，複雜的結構中，各詞的尾音往往需要經過思考，因此庫法學派語言大師法剌俄便曾坦承他如果不留意，便會發生尾音的錯誤。[5] 較讓人困惑的是為何這種膚淺的學術手段歷經千年而「不朽」，至今學術研討會或演講會中，這種現象仍層出不窮，唯一能解釋的是護衛《古蘭經》語言的堂皇藉口，促使學者勇於攻擊，語言大師西巴威合的冤死案顯然沒有警惕作用。

註釋

1 as-Sam'ānī, vol. 4, pp. 234-235.

2 Yāqūt al-Ḥamawī 提及有學者認為卡立勒僅著作此書的一部分，as-Suyūṭī 對此亦有詳細的敘述。參見 al-Ḥamawī, vol. 11, pp. 74-75; as-Suyūṭī (n.d.), vol. 1, pp. 76-79.

3 al-Sīrāfī 1985, pp. 35-37.

4 Ibid., pp. 34-35.

5 al-Qifṭī, vol. 4, p. 8.

Chapter 9

文學

《一千零一夜》對世界文學影響力之鉅幾乎空前。阿拉伯人在書中集合不同時代、不同背景的各民族故事，同時展現阿拉伯文化特殊的風格。阿拉伯文學以詩爲主，《一千零一夜》故事中便穿插大量的詩節，反映阿拉伯傳統文學對這部民間文學的影響。

詩歌

在伊斯蘭之前的阿拉伯文學內涵幾乎全是詩歌。阿拉伯詩起源自催促駱駝行走時所哼的調，據古籍記載，最早的詩是一個男孩從駱駝上摔下來，痛苦的叫聲：「哎呀！我的手！」（wāyadāh），駱駝聽到此聲音更邁力行走，此後人們便用這個韻律來催趕駱駝。這也是最早的阿拉伯詩的格律，反覆一長一短的簡單節奏，唱出單調沙漠獨特的風味。[1] 此單調的格律名為「剌加資」（ar-Rajaz），原意是一種駱駝的疾病名稱，駱駝若生此病，腳會發抖，時動時靜，如同這種格律的詩，其母音是一個動符連接著一個靜符（/o/o/o...）。最早的阿拉伯文學形態也可能是「剌加資」，其左右兩段詩可能都押同一韻腳，經常是在戰場上即興吟出，簡短有力，由兩、三節詩所構成。從「剌加資」發展出一節兩段式的「格席達」（al-qaṣīdah）傳統詩，為後來的詩人所遵循，並沿用至今。一首傳統阿拉伯「格席達」詩，每一節由首、尾兩段組成，歸屬於同一個格律，各節詩押相同的韻腳、韻尾，意義上是獨立的。

卡立勒創造韻律學，將每一詩節用長音節與短音節的組合，依據每一首詩的規律性，歸納出阿拉伯傳統詩十五種格律，賦予各個結構因素特別的專有名詞，沿用至今。九世紀語言學者阿可法須再增加一個格律，形成十六種格律。韻律學的創立為後世研究阿拉伯詩韻者造福不淺。

古詩的結構很呆板，會以站在屋宇廢墟上回憶舊情人作為序言，再進入主題。歷代阿拉伯詩的悼廢墟、憶舊人的傳統一直流傳下來，影響至今。現代詩人吟情詩時難免都能捕捉到這種傳統的影子，譬如現代詩人納基（Ibrāhīm Nājī）的詩：

我的心，

莫問我，愛在哪裡？
它原本是幻想的宮殿
你餵我喝，
你也在愛的廢墟上喝吧！
只要淚水在敘述，
就訴說我的事。
那樣的愛怎會變成故事，
變成悲傷的話語。

又如另一位詩人說：

人們啊！
那是你們摧毀不掉的屋宇，
它空出來做愛人的記憶，
它空出來做過去歲月的愛。
裡面藏著平凡的故事，
還有許多祕密。
誰若愛戀廢墟，
他的淚水會欺騙他，
高樑上的鴿巢，

是忠誠和愛的象徵，
還有那股堅持。

一首多主題的傳統阿拉伯詩中，結尾喜歡用格言，這些格言常常變成阿拉伯諺語，流傳至今。阿拉伯人的智慧也顯現在他們的格言、諺語中。歷代的詩中具有哲理的詩句，都構成阿拉伯諺語的內涵。除了詩外，許多名人的講詞或歷史事件也累積大量智慧的話語，因此阿拉伯諺語數量非常多，中世紀有許多學者便蒐集這些睿智的語言，撰寫諺語集。

艾巴斯時期以後受多元文化的影響，阿拉伯詩的內涵與意象豐富且深邃，不僅主題獨立，形式也多元化，出現一些國際上著名的詩人，譬如阿布・努瓦斯（Abū Nuwās）、穆塔納比等人。

阿拉伯詩經過千餘年的發展，內容和形式都有大幅的變化。在格律上，現代的自由詩仍要押韻，其押韻規則採取單一音步，每行的音步數目通常不同，呈單段式，長短不一，完全憑詩人的感受而作，與傳統詩遵循同一格律不同，堪稱是阿拉伯詩革命性的創新。換言之，傳統詩形態上以「節」為單位，自由詩則以「音步」為單位。詩人依據格律，而決定詩的韻尾，與傳統整首詩單一韻尾的現象不同。在意義上，自由詩著重象徵，並使用傳統神話或故事的價值觀，來表達詩人的思想價值。

除了一節兩段式的傳統詩之外，中世紀尚有四段式的四行詩和五段式的五行詩。比較特別的是阿拉伯人統治西班牙時期的安達陸斯「彩詩」。一般學者都認為阿拉伯彩詩影響了十一世紀法國南部的流浪歌手（Troubadure）、西班牙北部的吟遊詩人（Juglares）、義大利的宗教詩人。

講詞

阿拉伯人是「聽話」的民族，他們自出生就聽阿拉的話，作為順服的人類。待人處事，沒有美麗和激勵的言語支撐，一切便失去了動力。早年在約旦唸書時，約旦經濟狀況很差，赤貧階層幾乎佔全國人口四分之一，但人民並未因貧窮而暴動。身邊許多三餐不繼的窮人，嘴裡總是讚美著阿拉，讚美著胡笙國王，因為國王每天在電視上對人民精神講話，讓他們忘卻物質的貧乏。這和中世紀阿拉伯人打仗前聆聽族長、戰場將軍、哈里發的講詞或許有異曲同工的效用。直至今日「伊斯蘭國」透過網路對穆斯林喊話，便能收到意想不到的效果，似乎跟這些傳統有關。

阿拉伯現代史上有幾席非常著名的演講，譬如 1958 年

2 月敘利亞第一位總統古瓦特立（Shukrī al-Quwatlī），為了成立敘利亞與埃及的「阿拉伯聯合共和國」，自願讓埃及總統艾布杜・納席爾（Jamāl ‘Abd an-Nāṣir）擔任此共和國總統時的演講詞。又如 1967 年埃及、敘利亞、約旦對抗以色列，發生六日戰爭失敗後，埃及總統艾布杜・納席爾宣布請辭總統職位的演講詞，他說：「阿拉伯統一的希望在艾布杜・納席爾之前就開始，在艾布杜・納席爾之後也將繼續存在。」引發許多的迴響。1973 年 10 月的以阿戰爭，沙烏地阿拉伯費瑟國王對西方國家採取石油壟斷政策，並對全體穆斯林演講，強調「神聖的耶路撒冷在呼喚你們，求你們將它從苦難中救贖出來。」

2008 年利比亞總統格達費在大馬士革阿拉伯高峰會議上的講詞，引起許多阿拉伯人的共鳴。他說：「阿拉伯人在新的世界裡毫無地位。……巴勒斯坦問題上，每個過程都一再的疏忽，最後變成現在的狀況。敵人知道阿拉伯人鬆散，便利用這個基礎，於是他贏了，阿拉伯人輸了。巴勒斯坦國應該是代表全世界各地的巴勒斯坦人，我們卻在談 1967 年的以巴邊界，這真讓人錯愕。那麼 1967 年以前的問題在哪裡？……我們只要有協商，就有阿拉伯的、巴勒斯坦的歧見。……1948 年時，每個阿拉伯人都奮戰。現在你不會戰鬥，伊拉克不行，巴勒斯坦不行，你會被認為是恐怖份子……也就是說，如果現在巴勒斯坦人要起來打戰，很對不起！我認為阿拉伯人是扛不起這個責任，這也是恐怖主義和暴動四起的原因。因為官方無能，但卻有必須解決的問題存在。……我們請問整個世界，侵略伊拉克、摧毀伊拉克，殺死百萬伊拉克人的原因是什麼？請我們的美國朋友回答這個令人疑惑的問題，為什麼是伊拉克？是什麼原因？賓拉登是伊拉克人嗎？他不是伊拉克人。攻擊美國的是伊拉克人嗎？他們不是伊拉克人。攻擊五角大廈的是伊拉克人嗎？他們不是。伊拉克有毀滅性武器嗎？它沒有。即便它有，那麼巴基斯坦有核子彈，印度有核子彈，還有中國、蘇俄、英國、法國、美國。它們不都有核子彈嗎？那麼是否要把它們通通毀掉？好，我們就通通把它們毀掉。……一個戰爭俘虜，兼阿拉伯國家元首，也兼阿拉伯聯盟的成員怎麼會被處以絞刑？我們不談胡賽恩（海珊）的政策及我們與他的歧見，我們可能在政治上跟他有歧見，我們彼此之間不也一樣有歧見嗎？也只有這個會議廳把我們聚在一起吧？！只是要殺死胡賽恩怎可以沒有調查呢？我們怎可以看著一個阿拉伯國家的領導者被絞死而我們卻在觀望呢？……我們彼此是敵人，討厭彼此、鬥爭彼此……。」[2]

講詞是最古老的阿拉伯散文體，起源於蒙昧時期的演講，語氣緊湊，思想淺顯，反映貝都因人的道德標準與生活狀況。當時每一個部落都會有演說家為部落代言。演說形式非常具有戲劇效果與說服力，演講者站在高處，或騎在駱駝或馬上，眾人圍繞在一旁。內容往往催促、說服群眾上戰場殺敵，或共同合作完成一項任務。各部落也會派遣演說家帶領群眾到國王宮殿，完成恭賀或哀悼的使命，此時演說者儼然是部落的代言人。

講詞在穆罕默德時期發展到巔峰，其原因自然是宣揚伊斯蘭或領導的需求。因此，凡穆罕默德、正統哈里發、聖戰將領幾乎都是傑出的演講者，尤其是在星期五及伊斯蘭節日的禮拜儀式中，演講是不可或缺的儀式。政治人物的講詞流傳下來，成為珍貴的文獻。

故事

阿拉伯人自蒙昧時期對於故事文體便不曾陌生，他們常以敘事的手法吟詩，詩中往往有對話與故事情節。故事文體對他們而言無疑是承襲傳統的思維，駕輕就熟。這種特性或許是源自他們生活的部落環境中，人與人之間的關係相當密切，猶如一個大家庭，族人聚集在一起聽長輩說故事是他們的休閒娛樂。

◆《一千零一夜》

《一千零一夜》在八、九世紀，從波斯文翻譯為阿拉伯文，隨著時代繼續不斷的在阿拉伯人手中增加大部分的篇幅，直到十六世紀成書，對世界文學影響力之鉅幾乎空前。

《一千零一夜》堪稱是一部中古時期社會、歷史百科全書，記載中古世紀東方社會的現象；如提及平民生活、奴隸買賣、駱駝商隊、航海、冒險的旅行、聖戰、宗教人士的故事。在此書中，商業生活的描述佔有相當的篇幅，反映阿拉伯人自古以商為貴的思維，也不乏記載社會角落中地位低微的漁夫、樵夫等，藉著這些階層來諷刺達官顯要，甚至具創意的使低階層市井小民一躍成為統治者，充滿浪漫主義的色彩。

此書一部分源於印度或波斯，時間可推溯到三世紀至七世紀波斯的薩珊王朝時期。這古老部分又可分為愉悅讀者的幻想故事、誇張故事、警惕世人的印度故事以及一些人與動物的寓言等。另一部分是艾巴斯家族統治時期的阿拉伯故事，以巴格達為中心，是《一千零一夜》開始成書的時期。還有一部分是反映埃及風土人情的阿拉伯故事，時間約是十三至十六世紀埃及奴隸王朝時期所流傳的故事。此外，還有猶太、土耳其、希臘、羅馬和古埃及故事。換言之，《一千零一夜》經過多次的再創作，才完成主要結構。

許多阿拉伯作家、詩人從《一千零一夜》中獲取靈感，讓現代阿拉伯文學增添嶄新的內容。世界上受此書影響的文人不勝枚舉，如英國莎士比亞、菲爾丁（Henry Fielding）、薩克萊（William Makepeace Thackeray）及魔幻寫實作家印度裔英人魯西迪（Salman Rushdī）、阿根廷作家波赫士（Jorge Luis Borges）、法國作家內瓦爾（Gérard de Nerval）及斯湯達爾（Stendhal）、俄國作家普希金（Aleksandr Pushkin）等。受影響的範圍包含兒童文學、旅遊文學、戲劇、小說、舞蹈、歌劇、繪畫等，譬如格林童話、《基度山恩仇記》、《魯濱遜漂流記》、十七世紀西班牙卡爾德隆戲劇《人生是夢》、俄國林姆斯基・高沙可夫的《夏合剌撒德》（*Shahrazād*）巴蕾舞劇等。

儘管《一千零一夜》對世界文學的影響力無可限量，但最完整的埃及布拉各（Būlāq）版本中有許多性愛的描述，宗教人士認為有傷風俗，違反伊斯蘭精神，以致成為埃及法庭上的被告。1986 年許多文學家、科學家、律師和醫師都挺身而出，為這部不朽的著作辯護，僥倖逃過被禁、被燒毀的命運。2010年同樣的案子再度被提到法庭，《一千零一夜》仍然被判無罪。沒人知道它日後的命運如何，只能感嘆伊斯蘭世界今非昔比，中世紀可以，今日卻是禁忌。

1704年法國東方學學者安托萬・加朗（Antoine Galland）開始翻譯此書，1717年出版前三冊的翻譯本。他依據歐洲人的品味將此書做增減，並重新做編排。由於他的翻譯語言非常順暢優美，而大受歡迎。根據此翻譯版本再翻譯成許多語言，譬如英文、義大利文、德文、丹麥文、希臘文、荷蘭文、瑞典文等。十九世紀陸續有許多西方人翻譯《一千零一夜》，最著名的則是二十世紀初德國人 Krymski 及俄國人 Enolittnman 的譯本。《一千零一夜》增加了西方人對東方的好奇心，除了政治、經濟目的之外，也啟發了他們對東方文化深入研究的動機。十八世紀以後，《一千零一夜》用歐洲語文出版數百次。

◆《寬恕篇》

十一世紀馬艾里（Abū al-'Alā' al-Ma'arrī）所作的《寬恕篇》（*Risālah al-Ghufrān*）是表現阿拉伯文學批評創意的作品。書中描述主角到天堂、地獄邂逅許多從前著名的詩人、文人、語言學家。譬如在天堂裡他遇到蒙昧時期的懸詩詩人茹海爾（Zuhayr bn Abī Sulmā）、阿厄夏；在地獄裡他遇見懸詩詩人拓剌法、案塔剌，也遇見浪人詩詩人軒法剌（ash-Shanfarā）、塔阿巴拓・夏嵐（Ta'abbaṭa Sharran）……等。

作者對天堂的描述取自《古蘭經》經文及詩中的描述，靈感有可能來自「夜行章」穆罕默德登霄之旅。在此書中，他表達對前人詩作的批評角度與立場，並探討阿拉伯學術問題，堪稱是一位文學、語言、歷史、宗教的批評者。馬艾里在這本書中探討宇宙、生命、死亡的意義，誠實的自剖、嘲諷，呈現遼闊的思想、豐富的創意和想像力，批評中語帶諷刺、詼諧，表現出高超的藝術水準，建立了他個人的書寫風格。由於此書兼具文學創作藝術及學術觀點之呈現等雙方面的價值，學者們認為此書影響義大利文人但丁（Dante）的《神曲》（*La Divina Commedia*），以及英國米爾頓（John Milton）的《失樂園》（*Paradise Lost*）。

◆《亥也・本・亞各詹》

阿拉伯偉大的醫師、科學家、人文學家伊本・西納在獄中創造出「亥也・本・亞各詹」的角色，透過這個人物來分析人類和宇宙、宗教之間的關係。繼伊本・西納之後，有不同的哲學家運用同樣的人物，不同的故事發展，來表達他們的哲學思想。其中最著名的是十二世紀伊本・突費勒（Ibn aṭ-Ṭufayl）所作的《亥也・本・亞各詹》（*Ḥayy bn Yaqẓān*）。此書探討人類與大自然、宗教的關係，是中世紀阿拉伯哲學思想故事的代表。

伊本・突費勒的《亥也・本・亞各詹》敘述一個座落在印度群島中的王國，主角是國王妹妹所生的兒子，其父是國王的親戚，國王禁止兩人來往。他的雙親祕密生下他，將他放在木箱裡，隨海水漂流到孤島，被一隻正在尋找小羚羊的母羚羊發現，扶養他長大。羚羊死後，為了瞭解原因，他將「媽媽」解剖。於是他透過感官與經驗，建構了他的「認識」。接著他認識了「火」，並透過對周遭具體事物的觀察，知道萬物在物質上是相同的，形象卻有差異。當他發現天空之後，開始探索世界的過去與未來。三十五歲時他歸納出「靈魂」與「軀體」是分離的，而且渴望著「自存」的創造者。最後他領悟到「幸福」是建立在見到「自存」的創造者。亥也帶著這些智慧離開小島去教育人們，但是人們執著於他們形式的信仰，不能接納他。亥也因此發現許多人和不會說話的動物是一樣的。他無奈的向人們致歉，離開他們，回到孤島。

在這個故事中，伊本・突費勒強調經驗與思考的重要性，認為宗教與哲學殊途同歸。亥也象徵著尋找知識的「理智」，初始時「理智」猶如一張白紙，最後領悟的是真理，而真理只有一個，是宗教與哲學共有的。這本書啟發許多文人與哲學家，被翻譯成拉丁文及其他歐洲語文，被文學批評家評斷為中世紀的最佳故事。

◆《愛情篇》

伊本·西納在《愛情篇》（*Risālah fī al-'Ishq*）書中闡釋愛情是一種生命能量，無法與生命體分離。它讓生命體追求完美、良善，也追求所需要的養分。神性會滋養這種能量，讓個體得以存在。缺少愛情，生命體就不存在。

換言之，情愛在伊本·西納的認知裡是內在自存的力量，而非外在的誘惑所產生。他認為生命各有其位階，各依其所需而有不同的能量。植物的需求是基本的初階，其次是動物，最後是人類。人類的需求必須達到肉體與心靈的平衡。阿拉創造萬物都要求「美」，植物必須有足夠能量才會美，它必須有足夠的養分才能翠綠或芬芳，過與不及都能使它失去美。人類的位階高，他追求的是美與平衡，必須有「美」，才得與心靈取得平衡。愛情的能量是朝向「美」與「善」，人有能力控制這種情感，若未讓它朝向美與善，它便呈現不平衡狀態，會生病，甚至於導致毀滅。

◆朱哈的故事

今日阿拉伯人若要講笑話，都會說：「朱哈說……」。朱哈（Juḥā）是阿拉伯文學裡一個詼諧的角色，是生活在巫麥亞時期的人物，然而那個「朱哈」顯然與後來象徵愚蠢的「朱哈」性格有很大的出入，發生在他身上的許多故事也都是後人想像出來的。中世紀幾位著名的文史學者，如十四世紀的扎赫比（adh-Dhahabī）、十五世紀的蘇尤堤（as-Suyūṭī）等，在他們的書籍裡提及朱哈時，都以一個聰慧的性格來描述。

十二世紀麥達尼（al-Maydānī）在他的 Majma' al-Amthāl（諺語集）裡敘述朱哈的一些趣事，這個「朱哈」便是流傳至今的趣味性主角。[3] 阿拉伯文獻中著名的朱哈故事非常多，舉例如下：

阿布・穆斯立姆（Abū Muslim）到庫法時，叫亞各堤傳喚朱哈到他跟前。朱哈進去時，座席間只有阿布・穆斯立姆和亞各堤，他對亞各堤說：「亞各堤啊！你們兩人誰是阿布・穆斯立姆？」

有一天朱哈來到清真寺，站上講道台跟大夥兒說：「你們可知我要跟你們說什麼？」大家說：「不知道。」朱哈說：「你們既然不知道，那我說話有何用？」於是朱哈便下台走了。隔天他又來了，問大家說：「你們可知我要跟你們說什麼？」大家說：「知道。」朱哈說：「你們既然知道，那我說話有何用？」過幾天，他再回來問同樣問題，大夥兒便商量好，一些人說知道，另一些人說不知道，朱哈說：「請知道的人告訴不知道的人。」

有一群人看到朱哈騎著驢子，故意要糗他，說道：「我們認識你的驢子，卻不認識你。」朱哈說：「那自然是囉！驢子會認得彼此嘛！」

有一位婦人看到朱哈在吃椰棗不吐籽，很驚訝的問他：「我好像看到你吃椰棗沒吐籽啊？」朱哈說：「當然不能吐籽啊！我可是拿著白花花的銀子連籽一起買下來的啊！」

朱哈到處找他遺失的驢子，一邊找，他一邊感謝、讚美阿拉。人們問他：「你丟了驢子，幹嘛感謝阿拉？」他說：「當然要感謝啊！感謝阿拉，我沒有騎在驢子上面，否則我不也丟了嗎？」

傳記與遊記

傳記是阿拉伯人自古擅長的文體，從對先知、國王、領袖的生平記載，到學者、文人的介紹，作品非常豐富。有長篇的 as-sīrah（傳記），也有介紹性的 at-tarjamah（生平簡介）。歷代的阿拉伯傳記作品不勝枚舉。

◆先知傳記

最著名的先知傳記是九世紀伊本·希夏姆（Ibn Hishām）的《先知傳》（*As-Sīrah an-Nabawīyah*），至今仍是了解穆罕默德生平的原始參考文獻。二十世紀之後傳記文體再度復活，運用社會學和心理學的方法，剖析偉人的特質，文筆平易近人，譬如拓赫·胡賽恩的《先知外傳》（*'Alā Hāmish as-Sīrah*）、艾巴斯·艾格德（'Abbās al-'Aqqād）的《天才穆罕默德》（*'Abqarīyah Muḥammad*）等。

◆家族世系

巴拉儒里（al-Balādhurī, d. 892）的《顯貴世系》（*Ansāb al-Ashrāf*），記載阿里家族事蹟。此外，還有十世紀阿舍法赫尼的《阿拉伯人世系匯編》（*Jamharah Ansāb al-'Arab*）。

◆詩人生平記載

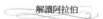

阿舍法赫尼的《詩歌集》、十三世紀哈馬維的《文學家

詞典》、伊本・薩拉姆（Ibn Salām al-Jumaḥī）的《詩人階層》（*Ṭabaqāt Fuḥūl ash-Shu'arā'*）、伊本・古泰巴的《詩與詩人》（*Ash-Shi'r wa-sh-Shu'arā'*）等詩人傳記不勝枚舉。其中最巨大而珍貴的著作是《詩歌集》。《詩歌集》是蒐集古代阿拉伯詩與詩人生活最完整的原始文獻，也是古代阿拉伯歷史、文學、音樂的百科全書，甚至是記載阿拉伯古文明的原始文獻。

二十世紀之後，許多研究團體致力於撰寫詩人傳記，如2002年巴巴亭（al-Bābaṭīn）出版的《巴巴亭阿拉伯當代詩人詞典》（*Mu'ajam al-Bābaṭīn l-Shu'arā' al-'Arab al-Mu'āṣirīn*），蒐集兩千位詩人的生平與著作。2008年的《巴巴亭十九與二十世紀阿拉伯詩人詞典》（*Mu'ajam al-Bābaṭīn l-Shu'arā' al-'Arabīyah fi al-Qarnayn at-Tāsi' 'Ashar wa al-'Ishrīn*），蒐集八千位阿拉伯詩人的生平和著作，全書共二十五巨冊。

◆語言學者生平記載

此類書有十三世紀伊本・卡立侃（Ibn khallikān）的《名人與時代之子之逝》（*Wafayāt al-A'yān wa-Anbā' al-Abnā' az-Zamān*）、蘇尤堤的《語言學者與語法學者階層》（*Bughyah al-Wu'āh fi Ṭabaqāt al-Lughawiyīn wa-n-Nuḥāh*）等。

◆《伊本．巴突拓遊記》

十四世紀的伊本．巴突拓（Ibn Baṭṭūṭah）被列為世界四大旅遊家之一，與馬可波羅（Marco Polo）、鄂多力克（Odoric von Pordenone）、尼歌羅．康提（Nicolo de Conti）齊名，著有《伊本．巴突拓遊記》（*Riḥlah Ibn Baṭṭūṭah*），是中世紀伊斯蘭世界重要的社會、地理、歷史文獻，被翻譯成各國語文。他從二十二歲開始旅行，歷經二十四年，走過的路程長達十二萬公里，包括西班牙、摩洛哥、埃及、蘇丹、土耳其、敘利亞、尼泊爾、印度、蘇門答臘、中國、爪哇等地。在中國他遊歷了泉州、廣州、杭州。

《伊本．巴突拓遊記》中對當時中國的人像畫有如下的描述：「中國是世界最擅長於製造業的民族，也是製造業最精密的民族。他們以製造業為著，人們在著作裡描述這種現象，並加以宣揚。他們在繪畫上有驚人的能力，羅馬人或其他民族都比不上他們的細膩。我因目睹他們在此方面的能力而驚嘆不已：我曾進入一座城市，後來再度回去，看見我和朋友們的肖像被擺在商場裡，畫在牆上和紙上。我到統治者的城裡時，曾路過雕刻商場。我和朋友們穿著伊拉克人的服飾去統治者的宮殿，晚上回程中再度經過這個商場，就看到我和朋友們的畫像貼在牆上。我們有人望著朋友的長相，畫像簡直一模一樣。畫師告訴我說，統治者命令他們這麼做。其實我們在宮中的時候，他們也去了，趁我們不注意的時候看著我們畫出來。他們習慣如此對待訪客。更甚者，若外地人做了必須逃逸的事，他的畫像就會散布全國各地被追拿，若發現長相相似者就逮捕他。」[4]

對於古代中國人的客棧，伊本・巴突拓有如下的描述：「中國對旅客而言是最安全，狀況最好的國家。單獨旅行九個月，身懷鉅款都無須擔心。此外，在他們的國家，每個驛站都有客棧，有官員率騎兵和步兵團進駐。黃昏及夜晚後，官員會帶著書記到客棧，把所有過夜的旅客名字登記下來，並蓋印，然後關閉客棧。早晨他會再帶著書記，盤點每一位旅客名字，並加註……。」[5]此書在中世紀開啟了西方的國際視野。

◆《伊本・朱拜爾遊記》

安達陸斯的伊本・朱拜爾（Ibn Jubayr）自幼受教於其父及其他著名的學者。1183 年他從佳爾納拓（Gharnāṭah）啟程，乘船經由西北非、北非到大敘利亞國家和西西里島。1186 年伊本・朱拜爾將他的所見所聞，記載在他著名的《伊本・朱拜爾遊記》（*Riḥlah Ibn Jubayr*）一書中。他的遊記偏重文學性的描述，對於教育、社會狀況著墨甚多，譬如他稱大馬士革為「東部的天堂」，並描述此城內有二十所高等學院，清真寺裡典藏正統哈里發烏史曼（‘Uthmān bn ‘Affān）時期的《古蘭經》，每天開放予擁擠的群眾觸摸、親吻等。此書是伊斯蘭曆六、七世紀的阿拉伯和伊斯蘭文明、歷史的原始文獻，影響許多穆斯林思想家，譬如十五世紀文史學者馬各里奇（al-Maqrīzī）、伊本・巴突拓等人，二十世紀被翻譯成許多語文。

阿拉伯文學中的情與慾

1985、2010年《一千零一夜》二度被控語言淫穢、違反傳統禮教和埃及社會道德標準。兩次事件最終結果都因《一千零一夜》是阿拉伯珍貴的文學遺產，曾啟發世界著名的文人、藝術家的想像力和創造力，也是許多世界藝術作品的源頭，而被判無罪。此事件反映阿拉伯文學在處理愛情與兩性關係上，享有一定的自由，非宗教或社會道德所能束縛。

自古有很多對「性」直白的阿拉伯文作品流傳下來，包含各種文體。伊斯蘭興起之前的詩歌中處處可見對情慾的表達，譬如阿厄夏的詩：

我與美女互通性愛，
歡樂無比。
每個白皙豐盈女孩，
羊奶般雪白的嫩膚，
一旦困倦就寢，
立即獻身共眠人。[6]

又如伊姆魯俄・蓋斯（Imru' al-Qays）在他的詩中說：

難得的一天，
難得的夜晚，
我玩了一個彷如雕像的柔情少女。
她的臉龐為同眠人照亮了床褥，
她胸脯上熾熱的炭火，
好似遇上了易燃的乾材，
一旦同眠人脫下她的衣裳，
立即溫柔的貼過來。
猶如一雙稚童走在柔軟的沙堆上，
平滑柔順。[7]

伊斯蘭之後亦然，瘋子蓋斯在描述愛人時吟道：

我整夜對她傾訴。
……對她說：賜我一個吻，
讓我心得以痊癒。
她賣俏的說：我為豐臀所苦，
無法負荷，
它一擺動，
便拉扯我的肢體。[8]

享譽世界且堪稱為阿拉伯情慾文學的，是十六世紀的《香園》（*Al-Rawḍ al-ʿĀṭir fī nuzhah al-Khāṭir*）。作者納弗撒維（Nafzāwī）坦承著作此書之後，連自己都感覺羞澀，因為它無異是一本閨房寶典，描寫男女性愛行為，包含男女雙方性行為的各種姿勢和技巧，如何永久與暫時性壯陽，如何預防懷孕，生男生女的徵兆等，滿足凡人對感官愉悅的需求。作者深知伊斯蘭社會觀感，卻不諱言性愛知識的必要性，表現出阿拉伯文學「樸實」和「坦直」的特質。儘管有許多宗教學者嗤之以鼻，此書卻能被國際視為性學瑰寶，十九世紀被譯成許多西方語文。

阿拉伯愛情哲學的建立也領先世界，譬如前述伊本・西納的《愛情篇》及後文將提及的伊本・哈資姆（Ibn Ḥazm）的《鴿之環：愛與戀人》（*Ṭawq al-Ḥamāmah fi al-Ulfah wa-l-Ulāf*）。

阿拉伯知識份子顯然自古都認為「性」是人類自然的行為，是日常生活的一環，沒理由在文學裡禁止對「性」的表達與描述，因情慾表達而產生的文字獄，也侷限於政治鬥爭。若無這種共識，歷代的政客與偏激份子如何讓《一千零一夜》等珍貴的作品流傳至今？

註釋

1 Ibn ar-Rashīq (n.d.), vol. 2, p. 314.
2 https://www.zamanalwsl.net/news/4208.html (2015/9/28 瀏覽)
3 al-Maydānī, vol. 1, pp. 218, 223.
4 Ibn Baṭṭūṭah, p. 631.
5 Ibid., p. 632.
6 鄭慧慈，2015，頁 51-52。
7 Ibid., p. 51.
8 Ibid., p. 170.

Chapter 10

歷史與哲學

中世紀阿拉伯人融合希臘哲學與宗教學，創造出獨特的伊斯蘭哲學觀。這領域的奠定可追溯到艾巴斯時期「智慧宮」的建造。當時希臘哲學思想在人文界備受重視，智慧宮內的翻譯家將希臘的哲學書籍翻譯成阿拉伯文，帶動文人哲學思想的發展。

曠世史書與史學家

今日世界對於中世紀阿拉伯歷史的了解，大多是源於十世紀拓巴里史書的記載。此部巨書是中世紀最完整的阿拉伯歷史文獻，採用編年史的方式撰寫，今日簡稱為「拓巴里史書」。

拓巴里為了注經學書籍《古蘭經注釋總匯》（*Jāmi‘ al-Bayān fi Tafsīr al-Qur'ān*）而著作此部史書，此書足以代表拓巴里之前阿拉伯史學者的研究成果。他蒐集散載於《集史者》著作中的歷史訊息，並以追溯訊息來源的方式增加史料的信度，後來阿拉伯史書都效法他以編年史方式撰寫歷史，並以這部史書作為原始的參考資料。十世紀時此書被譯成波斯文，後來陸續被譯為世界各國語文。

伊本・卡勒敦不僅是一位國際偉大的史學家，也是一位社會學家和思想家，創立歷史哲學理論及社會學理論。他將歷史視為藝術與哲學，洞悉文明發展是遵循一定的法則，提出文明興衰論、因果論、相似論及可能性論，影響歐洲史學發展至深。由於他遍訪伊斯蘭國度，思想自由奔放且客觀。他認為專家與無知者都一樣能理解歷史，但歷史真正的價值是去思考內在深層的原因，去考證並分析事件的原理。他認為過去史學者的作品不知道文明進展的法則，也不懂政治。

他的許多言論讓阿拉伯人感覺是對阿拉伯民族嚴重的毀謗，譬如他認為阿拉伯人只要征服了疆域，便搶奪擄掠，迅速的去毀滅它，因此雖有如正統哈里發的清明時代，卻也很快朝向滅亡。

第一位探討愛的哲學家

受到多元文化的刺激，中世紀阿拉伯人開始使用證據作為他們理論的佐證，並藉以反駁其敵對理論，形成所謂的「伊斯蘭神學」（'ilm al-kalām）。宗教學與伊斯蘭神學融合，產生了許多的學術原理，成為理論的根基，如類比（alqiyās）、究因（al-‘illah）、闡釋（at-ta’wīl）等，並再度回饋西方，影響了西方的哲學思想，伊斯蘭哲學因此在世界哲學史上扮演重要角色。

在哲學思想的創新中，伊本・哈資姆在二十八歲時所寫的哲學作品《鴿之環：愛與戀人》，可稱是世界第一位運用心理學方式解析「愛」的學者，表達對於「愛」截然不同的觀點，明顯擺脫前人八股的思維，此書談及「愛」及其意義、目的和原因。

伊本・哈資姆針對生活在西班牙文明都市哥多華的知識份子和領導階層的感情生活作實證分析。他認為「愛」的初始行為是玩樂性質，逐漸進入嚴肅性，必須要受苦後才能理解它的真諦。他將愛分類，譬如相愛雙方保有共同祕密的愛、心靈相通無理由的愛……，所有的愛都會在達到目標後就消失，唯有真正的愛能至死不渝。伊本・哈資姆認為相愛雙方必須本性相似，他不認為美貌或興趣相仿是愛的條件。他並提出一套「愛的徵兆」的哲學論點，譬如他認為眼睛無法隱藏心底的思維，眼神是心靈之窗，愛一個人會無時無刻想跟對方談話、想接近對方。但他不認為一見鍾情的愛是「愛」，那應該稱之為「慾望」，因為愛必須隨時間逐漸的累積而產生，快速成長的東西必也快速走上滅亡。他認為時間越久，愛越深，短時間的愛情比較屬於慾望的情感。他也不認為人可以同時愛兩人，凡此都是五官的愛，非真愛。他認為愛是盲目的，足以讓一個人改變本性。愛的力量讓生命變得美麗而有意義，對未來有信心。

後世許多研究都證明他的理論領先世界，是世界第一位探討「愛」的哲學家。

世界是永恆的，不是被創造的

十一世紀的伊本・西納堪稱是中世紀偉大的國際級思想家，在哲學領域的理論，代表著東、西宗教哲學思想的融合與分歧，對世界學術傳承貢獻匪淺。他重要的宗教哲學著作如《指示與警示》（*Al-Ishārāt wa-t-Tanbīhāt*）、《痊癒論》（*Ash-Shifā'*）、《拯救論》（*An-Najāh*）等，具有獨特創新的思想。他支持法剌比（al-Farābī）的理論，否認人死會復生的論調，挑戰伊斯蘭傳統宗教思想，認為世界是永恆的，不是被創造的，死人也不會從墳墓裡復活，主張阿拉「不知細務」。他將哲學家與先知置於同等地位，甚至認為哲學家透過論證不斷地提升，而先知卻停留於穆罕默德。

安達陸斯時期的哲學著作影響世界哲學甚為深遠，至今仍為國際學者所研究。譬如十二世紀的伊本・魯須德（Ibn

Rushd），他以 Averroes 的拉丁名字聞名於西方，不僅詮釋了亞里斯多德的理論，並在伊斯蘭宗教哲學領域有極大貢獻，許多學者認為現代伊斯蘭世俗主義便溯源於「魯須德學派」。魯須德學派主張世界是永恆不變的，靈魂分為人與神的靈魂，神的靈魂不朽，人的靈魂會毀滅，他更認為死者是無法復生的。此外他提倡「雙重真理論」，認為真理分為宗教性與哲學性，兩者各有其範疇，互不衝突。宗教真理來自於天啟，立基於教義，作為人們道德的指標；哲學真理出自理性，是最高形式的真理。真正的宗教信仰不會畏懼哲學的異議。他更指出伊斯蘭社會的弊病在於婦女地位不彰，阻礙了文明的發展。

現代伊斯蘭何去何從

面對世界主流思想，穆斯林處於幾近思想分裂的狀態。多元世俗的誘惑首先衝擊到持守伊斯蘭傳統價值的虔信者，他們能做的卻不多，儘管復興舊時代伊斯蘭的文明榮耀似乎是集體的共識，然而「過去」畢竟是藩籬下的已知，未來則是無限的未知，穆斯林族群的思想進程無法停滯在有限的時間裡。西方制度與思想無可避免的悄悄滲入穆斯林的思維裡，儘管他們稱它為思想殖民或文化侵略，卻僅能無可奈何的與之共生。有志於革新的穆斯林難免遭到守舊者的攻擊，有使命感的虔信者積極於闡釋教義，連結古今，試圖以科學證明伊斯蘭的現代性；或針對與主流價值相違的伊斯蘭思想做釐清與宣傳，譬如多妻制、伊斯蘭刑罰、女權、聖戰等。其目的無非是避免世人誤會伊斯蘭缺乏時代性與韌性，尤其在恐怖份子與穆斯林常常無法脫鉤的現實情勢下，他們辛苦的在重建自己的聲譽與價值，但這些努力往往付諸流水，因為「傳統」老樹盤根，錯綜複雜。現代伊斯蘭世界狀似團結，實則四分五裂，各國人民與政府的距離、政府與政府的距離都漸行漸遠。

Chapter 11

藝術

今日一般人提起阿拉伯的藝術幾乎都意指伊斯蘭藝術。隨著伊斯蘭疆域的擴張，地理範圍也跟著擴大，藝術領域融入許多古老民族的創意與思想，包含古巴比倫、埃及、波斯、希臘、羅馬等，因此伊斯蘭藝術實際上是融合當時與阿拉伯人接觸頻繁的諸民族藝術。

音樂

伊斯蘭以前阿拉伯人便對音樂有一定的認識，西方音樂有大調音階和小調音階，阿拉伯音樂分為數十個音階，兩者顯然建立在不同的樂理基礎上。阿拉伯樂器有管、弦、打擊樂器等。根據最早的史料顯示，當時阿拉伯人繞著卡厄巴（al-Ka‘bah）朝聖時，會一邊吹口哨一邊拍手，猶如管樂和打擊樂的作用。在宮殿或顯貴家中常有歌女奏樂、唱歌，部落女人也在節慶時演奏。許多詩人吟詩時，喜歡用吟唱的方式彰顯他們佼好的歌喉。他們的音樂知識承襲自古閃族，音樂活動興盛於伊拉克、敘利亞和息加資地區，尤其在麥加附近的烏克若（‘Ukāẓ）市集的文藝活動中。

最早的阿拉伯詩如同古希臘的詩一樣，是以歌唱方式吟出，且甚至以樂器伴奏。當時流行波斯及希臘傳入的樂器，如「善几」（aṣ-ṣanj）、「巴爾巴圖」（al-barbaṭ）等。唱詩時有時會有歌女伴奏，譬如阿厄夏的懸詩就提到一個名叫忽雷剌（Hurayrah）的女歌手；拓剌法的詩裡也大幅描述歌女。尤其是在宰牲、祭祀以及其他宗教慶典中，他們會對偶像歌唱；在戰役中，女人會打鼓助陣。這些習俗可能是引自希臘、羅馬，至今阿拉伯任何娛樂中似乎都少不了鼓的伴奏助興。蒙昧時期阿拉伯人唱歌分成三種：第一種為葬禮的長調，稱之為「納舍卜」（an-naṣb），源自韻律裡的「拓維勒」（aṭ-ṭawīl）。第二種稱之為「西納德」（as-sinād）韻，有許多的回音調。第三種稱之為「赫撒几」（al-hazaj），屬於輕快歌，以笛、鼓伴奏，並且伴舞。[1]

伊斯蘭興起之後，穆斯林對於音樂和歌唱都會有一些顧忌，因為《古蘭經》有下列經文：「有人購買無謂的談話，以便他無知無識地使人背離真主的正道，而且把它當作笑柄。這等人，將受淩辱的刑罰。」（31: 6）具權威性的注經學者將此經文中的「無謂的談話」詮釋為：「歌唱」、「擊鼓」或「吹笛」等。許多聖訓對於歌唱也有負面的評價，譬如穆罕默德經過有歌唱聲的人家時，掩耳而過。[2]

伊斯蘭對著重於韻律的詩，態度也與歌唱等雷同。《古蘭經》和聖訓中便有許多反對詩和詩人的篇章，[3] 儘管穆罕默德也藉助於一些詩人捍衛伊斯蘭，尤其與多神教徒一連串的戰役中，詩曾是伊斯蘭擴張的重要武器，譬如伊本．山比特（Ḥassān bn Thābit）、伊本．刺瓦哈（'Abd Allāh bn Rawwāḥah）、克厄卜（Ka'b bn Mālik）等都是捍衛伊斯蘭的著名詩人，學者們也試圖提升詩和音樂的地位，然而這種對詩、歌唱、音樂的刻板印象始終深植在遵循伊斯蘭教義的虔信者心中，至今無法有太大的改變。

艾巴斯時期阿拉伯樂器種類多元，馬俄門鼓勵學術和藝術，在他的任內音樂發展迅速。在北非的法堤馬王朝時期，哈里發艾奇資（al-'Azīz bi-Allāh）熱衷於音樂，出現了著名的音樂家巫麥亞（Umayyah bn Abī aṣ-Ṣalt），他同時也精通魯特琴。

其實無垠的沙漠便是一座碩大的音樂廳，數千年來大自然的聲音融入阿拉伯人的思維裡，詩和音樂彼此依附，構成千年來阿拉伯音樂的特色。

傳奇人物：黑鳥

提及阿拉伯音樂，幾乎都會將九世紀「黑鳥」的老師伊斯哈各（Isḥāq al-Mawṣilī）視為指標性人物。伊斯哈各一生與數位著名的哈里發有密切的聯繫，譬如剌序德、馬俄門、穆厄塔席姆（al-Muʻtaṣim）、瓦夕各（al-Wāthiq）、穆塔瓦齊勒（al-Mutawakkil）等，是艾巴斯時期最著名的宮廷音樂家，曾到巴格達拜名師學音樂及歌唱，其音樂及歌唱上的造詣是艾巴斯時期之冠。由於他精通詩學，得以將音樂的旋律與詩的韻律做整合。在學理上他屬於傳統音樂派，與當時新興的音樂革新派時有衝突。

伊斯哈各和黑鳥的恩怨是音樂史上著名的師生鬥爭事件。儘管歷史學者們對此有許多不同的看法，但原因之一是哈里發赫崙・剌序德命伊斯哈各尋找一位宮廷歌手，伊斯哈各於是推薦自己的學生黑鳥。赫崙・剌序德極為欣賞黑鳥的歌聲，吩咐伊斯哈各要備加禮遇。伊斯哈各因恐黑鳥威脅到自己的地位，便逼迫黑鳥遠離巴格達。黑鳥輾轉出走至西班牙，後來成為安達陸斯執政者的親密酒友，享有豪華的住宅和優渥的月俸。阿拉伯東方巴格達的音樂藉由黑鳥傳入安達陸斯，音樂和歌唱迅速普及於安達陸斯。全國上下都喜愛聽歌，伴隨音樂的普及，娛樂場所也遍布全國。

黑鳥本人不僅發明了一些樂器，並對阿拉伯傳統樂器魯特琴做了許多的改良。首先是製造重量較輕的魯特琴，在上面增加一條弦，從原本四條複弦變成五條。琴弦採用堅固而能彈出更優美聲音的生絲或幼獅的腸子。每一條弦的顏色不同，各有其名稱。第一條弦最粗，稱為 al-bamm，黑鳥用上好的絲製作，並染成黑色。第二條弦稱為 al-mathnā，染成白色。第三條弦稱為 al-mathlath，染成紅色。第四條弦稱為 az-zīr al-awwal，染成黃色。第五條弦是黑鳥新增的弦，稱之為 az-zīr ath-thānī，用動物細腸子製作，以便能彈出較尖的聲音，並染成血紅色。較粗的絲弦彈出較粗厚的音，動物腸子的弦彈出較尖細的音。其頻率從第一弦到第五弦分別是 64、48、36、27、20.25。[4] 這些弦的名稱一直沿用到十三世紀才以波斯語代替，現代則用西方語言稱呼。黑鳥並將撥弦器從原來的木製，改成用老鷹羽毛製作，以改善音質。

魯特琴傳到歐洲之後，風靡整個歐洲，由於音箱呈梨形，音質特殊，有如天堂之樂。直到十八世紀歐洲才以鋼琴取代魯特琴，歐洲人並改良魯特琴，增加到十一條弦，許多音樂家，如義大利和法國音樂家便埋首於撰寫魯特琴的書籍。魯特琴傳到中國後，成為琵琶的前身。

黑鳥的兒子和女兒都是歌手，並招收一些其他的歌手，公元 825 年在哥多華成立第一所音樂專校，教導人們音樂、歌唱、演奏、舞蹈、詩歌等，帶動安達陸斯音樂的興盛。他的學生中還包含哈里發的母親、從麥地那來學習的歌女，以及其他阿拉伯地區前來學習的阿拉伯人和西班牙人，成功訓練了許多歌手和音樂人。這所專校設立在哈里發宮殿旁邊，稱之為「文化館」（Dār al-Madanīyāt），不久便帶動安達陸斯其他城市也紛紛設立音樂學校。

黑鳥招收學生以具有音樂天分為先決條件。入學考試時他要求應試者喊出他最高的音，若音質清脆才收為學生。他教學方法首先要正音，訓練學生的口腔運動，若學生的口腔有天生的限制，他會採取各種矯正方式，譬如在兩顎之間放入木片等。[5]

黑鳥的子女個個精通音樂，成為安達陸斯的音樂導師。他也教導家中女僕唱歌，其中有一位盡得真傳的女僕受到當時後巫麥亞阿米爾欣賞，黑鳥便將她獻給阿米爾。當時連歐洲人都仰慕黑鳥，紛紛來哥多華拜他為師，黑鳥的音樂知識因此傳到西歐如德國、法國等地，影響了歐洲音樂的興起。西班牙佛朗明哥歌唱風格，便是在安達陸斯受阿拉伯音樂影響的西班牙人，經過父子相傳而發展出來的。由於法國、德國等歐洲音樂家經常到西班牙聽音樂，深受安達陸斯阿拉伯音樂的影響。隨著這些音樂家將安達陸斯音樂帶進歐洲，歐洲音樂亦受影響，在此之前歐洲的音樂僅限於宗教音樂。

黑鳥在音樂上的成果，隨著阿拉伯人在西班牙政權的殞落而轉移到北非的大摩洛哥地區，在摩洛哥首都拉巴特及古城菲斯都盛行所謂的安達陸斯音樂，便是黑鳥的智慧遺產。

十九世紀之後，阿拉伯音樂再崛起，穆罕默德．艾立巴夏時期，在埃及成立了五所軍事音樂學校，專門教導管樂。埃及蘇伊士運河開通後，受歐洲音樂的影響，設立國家音樂廳，薩拉馬（Salāmah Ḥijāzī）成為歌劇的先鋒，他動人的歌聲在埃及風靡一時。二十世紀出現幾位家喻戶曉的歌唱家，如有「東方之星」尊號的巫姆．庫勒東姆（Umm Kulthūm）和艾卜杜．哈立姆（‘Abd al-Ḥalīm）。

舞蹈

阿拉伯世界各區域都各有其民俗舞蹈，最普遍的傳統舞蹈如下：

◆東方舞（俗稱肚皮舞）

中東的舞蹈早自兩河流域古文明時期及古埃及時期就出現。在出土的遺跡中，譬如埃及紙草、陶製器皿及廟宇的壁畫或雕刻上皆可窺見。薰香、歌唱和舞蹈都是眾神的最愛。最初的舞蹈是模仿動物的動作或自然界的律動。根據希臘史學者的描述，這種東方舞蹈類似現在的肚皮舞，以快速抖動身體為其特色。他們跳舞的目的在取悅掌握著力量與福澤的神明。因此每逢宗教慶典，便安排女人在廟宇跳舞。由於肚子或子宮是神賜予福澤的地方，因此舞蹈的動作都集中在這個部位。這種東方舞蹈逐漸發展成在娛樂場所表演。許多的記載認為這種肚皮舞是在公元前十一世紀透過地中海沿岸的腓尼基人傳到南歐，然而其起源究竟為何，卻無定論。

在中東，肚皮舞演變成一種職業，舞孃會在街上或娛樂場所獻舞，有些會隨軍提供娛樂服務。十九世紀初法國人留下許多北非地區肚皮舞孃的相片和畫作。這些舞孃通常只會跳舞而不懂音樂或歌唱。另外有一種舞孃懂得音樂和旋律，並能彈奏魯特琴，有些還能吟詩。舞孃主人負責訓練她們的舞技及買賣，富人可以用錢買到舞孃。十九世紀九十年代肚皮舞傳到歐洲，當時舞孃的穿著仍是長衫，僅在臀部繫上一條長巾，猶如一般阿拉伯女人居家娛樂跳舞時的打扮。直到二十世紀初，好萊塢電影裡演出肚皮舞，並為舞孃設計舞衣。[6]這種舞衣沿襲至今日，成為肚皮舞的特殊服飾，也可說是融合東西方藝術和創意的結晶。

◆宗教旋轉舞

旋轉舞的創始人是十三世紀蘇菲詩人魯米（Jalāl ad-Dīn ar-Rūmī）。他曾在巴格達最早的四大法學學院穆斯坦席里亞受教，並跟隨父親四處遊歷，後來定居在土耳其古尼亞（Konya）。他的波斯文著作被譯為世界各語文，影響甚鉅。

魯米透過三十六小時不斷的旋轉而成道，創造了流傳至今的旋轉舞。魯米成為蘇菲行者後，熱衷於運動、音樂與作詩。後人將他所創的旋轉舞加以發展，成為今日結合宗教和藝術的特殊舞蹈，流行於土耳其等地。蘇菲主義者將這種舞蹈溯源到聖訓，運用行星繞著太陽轉動的原理，透過傾聽音樂，思念阿拉，舞者會右手抬高，左手垂地，象徵著真主與人類的聯繫，達致禁慾及奔向完美的目標。

蘇菲舞者穿著白色寬大的傘狀長裙，戴高帽，圍繞著長老所在的中心點旋轉，舞蹈時靜時動，搭配音樂，象徵心靈達致最深的愛與完美的旅程。舞者的舞衣有其象徵意義，白色傘裙象徵裹屍布，黑色傘裙象徵墳墓，高帽象徵墓碑，旋轉三次代表接近阿拉的旅程有三階段：知、見、聯繫。他們使用笛聲來闡釋，笛聲可以表達人類渴慕回歸原始的聲音，象徵摒棄自私，滋養愛。除了笛之外，尚使用手鼓、魯特琴及 qanūn 琴等伴奏。今日這種旋轉舞仍盛行於其發源地古尼亞、伊斯坦堡和敘利亞的阿勒坡、埃及各地。

然而在阿拉伯世界，蘇菲主義除了遭到宗教學者的撻伐之外，許多思想家也將它視為阻礙社會進步的思想，譬如拓赫・胡賽恩在小說裡便經常表達這種想法。二十世紀伊斯蘭哲學家伊各巴勒（Muḥammad Iqbāl）更極力對抗蘇菲主義，認為蘇菲主義帶給人們的是消極與屈服，是衰敗與滅亡的象徵。一般虔誠的穆斯林會將蘇菲主義視為異端。

◆踺舞

踺舞（dabkah）源於大敘利亞地區，是腳踏地板為主要動作的團體舞蹈。通常舞團成員在十人以上，男女穿著長衫，腳踏地時會發出震撼的聲音。踺舞會有一位主角起舞，在舞蹈中會穿插表演個人的舞技。舞者排成一列、弧形或圍成圈，配合傳統樂器的伴奏起舞並歌唱。歌詞多數是當地的方言詩，主題有愛情、一般生活及愛國歌詞等。他們的服裝因地而不同，一般是長衫、戴頭巾，服飾顏色多樣化。今日在大敘利亞地區、伊拉克及沙烏地阿拉伯北部，幾乎每個節慶，尤其是婚禮的主要節目都少不了踺舞。踺舞伴奏的樂器是簫、雙管笛、風笛、鼓等。今日各地的踺舞各不相同，具有地域色彩。

◆劍舞

劍舞起源於阿拉伯半島，因為部落戰爭頻繁，人們在戰爭勝利之後會舞劍表歡欣，可說是一種戰爭舞蹈。這種習俗逐漸發展成阿拉伯海灣國家慶祝各種節日，如國定節日、婚禮、升遷、遊子返鄉、漁夫出海或返港等的表演節目，藉此將此民俗藝術保存下來。

劍舞是團體舞蹈，舞者穿著傳統正式服飾，包含頭巾、頭箍、鮮豔的長衫或白袍，腰間配刀，手執長劍，排成兩排，中間是打鼓者，他們隨詩歌聲、鼓聲有節奏的集體舞劍，隊伍中間有人掌旗。劍舞所吟唱的詩並不含情詩，通常是表達英雄氣概、誇耀、愛國等主題的詩，今日海灣各國都積極在各級學校倡導這種民俗藝術。

繪畫與書法

阿拉伯人的繪畫往往用來裝飾清真寺及宮殿，清真寺裡的繪畫限於幾何圖案及植物。宮殿及澡堂的繪畫比較豐富，包含人像、動植物，風格沿襲自古老的民族。後來穆斯林也逐漸發展出自己的繪畫風格，包含幾何圖案、動植物形象。這些繪畫遺留在書籍、牆壁、玻璃、石頭、磚瓦、木頭、織品、瓷器及其他器皿上。

阿拉伯書法是具有特色的藝術，阿拉伯人普遍熱愛於用它來裝飾建築及器皿。著名的書法體有十餘種，適用的材質各不相同，阿拉伯各地區習慣使用的書法體也不相同，譬如 ath-thulth 書法體適用於雕刻；al-kūfī 在十二世紀時往往用於銅質的宮殿門上；an-naskhī 自十世紀便用於政府部門文書書寫，至今依然用於書籍印刷上；ar-ruq'ah 適用於謄寫文件與書籍，今日一般阿拉伯人手寫往往用此字體。北非阿拉伯人自古也發展出具有地域性的書法體，稱之為「摩洛哥體」、「安達陸斯體」……等。

建築

自古以來阿拉伯人對於建造壯麗的都市繁榮景象便得心應手，許多中世紀著名的建築都充滿藝術與創意，譬如「哥多華清真寺」、佳爾納拓的「紅宮」（Qaṣr al-Ḥamrā'）等。他們血液裡的建築天分流傳到現代，2004 年世界第一位普立茲克建築獎的女性得主便是伊拉克裔女建築師札哈・哈蒂德。她生前便曾說阿拉伯建築裡的阿拉伯文字書法豐富了建築師的想像，解構主義的靈感便出自於此。她的曠世之作遍布今日世界各大城市，堪稱當代最偉大的建築師。令人惋惜的是，他們的文明遺跡常因阿拉伯半島上的氣候環境以及頻繁的戰爭與暴動而遭到摧毀。

提及阿拉伯人的建築藝術通常會追溯到伊斯蘭的興起，因此幾乎都以「伊斯蘭建築藝術」一詞代替。而伊斯蘭建築藝術無非是溯源於阿拉伯蒙昧時期在阿拉伯半島上與阿拉伯人共存的古老民族，尤其是羅馬人與波斯人。阿拉伯人將這些民族的建築特色融入清真寺的建築中，並逐漸因伊斯蘭的擴張，散播到世界各角落，發展出獨特的伊斯蘭建築藝術。著名的清真寺幾乎都被聯合國列為遺產保護區。

◆清真寺

1. 麥加禁寺

麥加禁寺是穆斯林認為最神聖的清真寺，是全球穆斯林朝拜的方向，也是每年穆斯林朝聖之地。穆斯林認為在此寺做一次禮拜，可抵其他清真寺十萬次禮拜。該寺中央是「卡厄巴」，俗稱「天房」。穆斯林認為卡厄巴第一次興建是在亞當之前，是天使們所建，在諾亞方舟時期升到天上，當時的建材是紅寶石。亞伯拉罕及其兒子以實瑪利再度依據阿拉的命令重建，天使長吉卜利里（Jibrīl）並從天上帶來「黑石」。依據聖訓所載，「黑石」原本雪白顏色，因為多神教徒的罪惡污染了它，使它變成黑色。七世紀伊本·

茹拜爾（'Abd Allāh bn az-Zubayr）以及後來的哈里發們將它用銀框鑲起來。今日穆斯林到禁寺朝聖都會模仿七世紀正統哈里發烏馬爾親吻黑石。黑石曾經一度被格剌米拓派（al-Qarāmiṭah）奪走，後來歸還原位。

2. 麥地那先知清真寺

該清真寺是622年穆罕默德遷徙到麥地那後，親手搭建在他的住居旁，是伊斯蘭後建築的第二座清真寺。此清真寺的主宣禮塔在巫麥亞時期才建築，後人再於寺中增建兩座宣禮塔。歷史上，此寺不斷地擴建，至1994年擴建之後，總面積達二十三萬多平方公尺。教義上，穆斯林在此做一次禮拜，相當於在其他清真寺做一千次禮拜，因此每年世界各地的穆斯林都會到此清真寺做小朝聖。

由於該寺是僅次於麥加禁寺的第二聖寺，歷代執政者都極為重視它的建築，不斷地擴建。該寺以高八・八八公尺的綠色穹頂著名，後人在穆罕默德的房間原址上建築該綠色穹頂。寺內有八個圓柱，各有其名稱與故事，譬如「床柱」是穆罕默德原來的床位所在地。穆罕默德的陵寢置於此寺中，第一、二任正統哈里發阿布・巴柯爾、烏馬爾的陵寢置於其旁。此寺東南邊是大型墓地，穆罕默德的一萬名門徒、穆罕默德的妻室、兒子、女兒、孫子大多葬於此。

沙烏地阿拉伯境內的清真寺都具有伊斯蘭建築美學上的特色，麥加禁寺、麥地那先知清真寺及本書中所提到的著名清真寺的伊斯蘭藝術之美更不在話下。（劉長政攝影）

遙望極遠清真寺，此圖中岩頂清真寺的左後方是伊斯蘭第三大聖寺極遠清真寺，原址的建築年代約在麥加卡厄巴「天房」建築之前。穆罕默德時期，穆斯林第一個朝拜方向便是極遠清真寺，此寺四周包含約兩百個景點。（傅怡萱攝影）

3. 耶路撒冷的極遠清真寺（al-Masjid al-Aqṣā）

耶路撒冷是今日世界複雜的政治問題焦點，它是三個一神教的聖地，猶太、基督和伊斯蘭的信徒都不願意放棄它。穆斯林自正統哈里發烏馬爾時期起便統治耶路撒冷，時間遠較其他兩個一神教統治時間長久。基本上，穆斯林統治耶路撒冷期間，此地各民族都能和平相處。穆斯林喜歡以 1099 年十字軍東征佔領耶路撒冷時，歐洲人如何殘殺穆斯林，將伊斯蘭聖地轉變成他們的馬槽，1967 年以阿戰爭猶太人佔領耶路撒冷後，又如何摧毀伊斯蘭聖地，將巴勒斯坦人逐出；反之，在十字軍東征時期阿拉伯英雄沙拉賀丁（Ṣalāḥ ad-Dīn al-Ayyūbī）收復耶路撒冷後，是如何善待基督宗教徒，凡此種種來凸顯穆斯林的寬大胸懷。

耶路撒冷分成舊城與新城。舊城座落在穆里亞山上，四面有圍牆，裡面有伊斯蘭聖地和基督宗教聖地，如極遠清真寺、岩頂清真寺、升天教堂等古老的東方建築。西面是猶太人所謂的「哭牆」，阿拉伯人則稱之為「布剌各」（al-Burāq）。「布剌各」意指先知的乘騎，因為穆罕默德從麥加聖寺夜行到極遠清真寺時，將他的乘騎綁在此地。猶太人稱為「哭牆」，因為他們在此哭悼他們的先賢。舊城北邊是十字軍東征時阿拉伯八千烈士的墳塚，猶太人將它移除，改建花園。新城則有許多新的建築，也有許多伊斯蘭的古蹟和古老的清真寺。

極遠清真寺是伊斯蘭第三大聖寺，原址的建築年代已不可考，約在麥加卡厄巴「天房」建築之前。穆罕默德時期，穆斯林第一個朝拜方向便是極遠清真寺，當時此舉在籠絡猶太教徒。此寺四周包含約兩百個景點，譬如 636 年正統哈里發烏馬爾所建的紀卜立清真寺（al-Masjid al-Qiblī）、岩頂清真寺等。

岩頂清真寺是伊斯蘭藝術的代表性建築物，雕刻裝飾尤其華麗，完成於 691 年巫麥亞哈里發艾卜杜．馬立柯（‘Abd al-Malik bn Marwān）時期。形狀呈八邊形，共有四個門，裡面再有一層八角形建築，以圓柱支撐，內部呈圓形，中間是穆罕默德登霄時腳踩的岩石。此岩石高約一．五公尺，形狀不均。岩頂清真寺的圓頂貼以金銅板，高約三十五公尺，弦月高五公尺。寺內中間是禮拜處，牆上貼當地製造的馬賽克磚，拱形窗共一百六十一扇。主要裝飾是幾何圖案和古老的加立勒書法體的《古蘭經》經文。

4. 古巴俄清真寺（Masjid Qubā’）

此寺建於 622 年，位於麥地那先知清真寺附近五公里處，穆罕默德親自奠基建造，是伊斯蘭後建築的第一座清真

耶路撒冷的西牆，猶太人稱為「哭牆」，他們在此哭悼他們的先賢。阿拉伯人稱之為「布刺各牆」，因為穆罕默德從麥加聖寺夜行到極遠清真寺時，將他的乘騎 al-Burāq 綁在此地。（傅怡萱攝影）

岩頂清真寺是伊斯蘭藝術的代表性建築物，完成於 691 年，形狀呈八邊形。（傅怡萱攝影）

寺。「古巴俄」原是水井名，穆罕默德抵達麥地那時，他的駱駝在此飲水。《古蘭經》對於這座清真寺有下列描述：「從第一天起就以敬畏為地基的清真寺，確是更值得你在裡面做禮拜的。那裡面有許多愛好清潔者；真主是喜愛清潔者的。」（9: 108）該寺原始建築非常簡單，呈正方形，邊長七十公尺，有三扇門，後人不斷擴建，今日呈長方形。由於古籍記載穆罕默德每逢星期六來此寺做禮拜，因此它的地位僅次於伊斯蘭三聖寺。

5. 大馬士革巫麥亞清真寺（al-Masjid al-Umawī）

遠自巫麥亞時期，大馬士革的清真寺便具備一些特有的建築元素，亦即融合當時在大馬士革的羅馬附庸國「佳薩西納」（al-Ghasāsinah），以及位於今日伊拉克息剌城的波斯附庸國「馬納居剌」（al-Manādhirah）的建築特色。該寺原址是公元四世紀末的拜占庭教堂，再往前追溯則是偶像廟。此地伊斯蘭化之後，將原本的教堂一分為二，一部分仍為教堂，一部分是清真寺，八世紀初全部改建為清真寺，原來的四座塔作為宣禮塔。巫麥亞清真寺的特色是一連串的半圓拱柱、三角形屋頂、圓頂、雪花石地板、寬敞的長方形中庭及宣禮塔。寺內外的裝飾上也充分顯現伊斯蘭禁偶像的特色，通常雕刻幾何圖形、古蘭經文、阿拉伯書法、星星和植物圖樣，色彩典雅，地磚上覆蓋地毯裝飾。由於植物紋飾隱約可見，襯托出交疊延伸的幾何圖案，象徵著無限與永恆，被認為是一種反自然主義的藝術。

6. 薩馬剌俄清真寺（Jāmi‘ Sāmarrā’）

Sāmarrā’ 一詞是由阿拉伯文的「誰看到就開心」（Surra man ra’ā）濃縮而成的名詞，其圖像並出現在伊拉克錢幣上，足見它享有盛譽。該清真寺建於公元 849 年艾巴斯時期底格里斯河東岸，離巴格達約一百三十公里，以其碩大的螺旋形宣禮塔建築為著名。今日該寺遺跡僅剩下宣禮塔和圍牆。此寺建築與其他伊斯蘭建築不同，是用土磚建造而成，屋頂是木板，角落是土磚柱子。宣禮塔底座有二，呈正方形，高約四公尺，邊長約三十一公尺。宣禮塔高約五十公尺，有階梯可以爬到塔頂。

薩馬剌俄城曾經是艾巴斯時期六位哈里發的首都所在地，有輝煌的文明歷史。其建設推溯到九世紀有土耳其血統的哈里發穆厄塔席姆，他為了消弭波斯人的力量，引進許多土耳其人，並訓練成軍。這些土軍在巴格達與阿拉伯人、波斯人水火不容，穆厄塔席姆於是命人在巴格達北邊的薩馬剌俄（Sāmarrā’）建築宮殿，並將土軍移至該城，哈里發宮殿也遷移至此城長達五十八年之久。穆厄塔席姆時期，土耳其軍隊勢力增長，宮廷權力因此由波斯人轉移到土耳其人手中，直到穆厄塔米德（al-Mu'tamid）哈里發才還都巴格達。

薩馬剌俄城訴說著艾巴斯時期的宮廷鬥爭史，包含 861 年門塔席爾・比拉（al-Muntaṣir bi-Allāh）與土耳其軍人密謀殺死其父穆塔瓦齊勒，奪得哈里發位，造成艾巴斯政權的沒落。今日薩馬剌俄城已被列為聯合國教科文組織遺產保護的古蹟。

7. 哥多華清真寺（Masjid Qurṭubah）

哥多華清真寺亦即今日被列為世界級古蹟的天主教教堂 Catedral de Nuestra Señora de la Asunción，其建築史相當悠久。最初它是偶像廟，後來改成教堂，公元 784 年後巫麥亞時期阿米爾艾卜杜・剌賀曼（'Abd ar-Raḥmān）在此蓋清真寺。全寺有一千多根石柱，呈棋盤式，宣禮塔高聳，地板是各種顏色的大理石，共有二十一扇黃銅門，夜晚點燃四萬盞油燈。艾卜杜・剌賀曼為了將它建築成安達陸斯最宏偉的清真寺，刻意從安達陸斯境內各地，甚至於從境外運來建材，寺樑堅固得以保存至今，成為不朽的伊斯蘭藝術與創意的代表作。其建築形式模仿麥地那的先知清真寺，其莊嚴則可媲美麥加卡厄巴，而被稱為伊斯蘭世界西部地區的「卡厄巴」。西班牙人收復領土之後，該寺再度改建成教堂。

◆宮殿

除了清真寺之外，尚有許多宮殿建築享譽世界。

伊斯蘭早期的建築非常簡單樸質，正統哈里發標榜親民，不建宮殿。當政權成為世襲制之後，哈里發和王公貴族的住宅逐漸趨向豪華。除了佔地面積擴大之外，設計亦複雜化，往往建地呈正方形，圍牆高聳，並設高塔。所有設施圍繞在四周，中間有寬敞的中庭、水池。宮門的數目甚至高達十扇，樑柱粗大，有多功能的房間，譬如哈里發房間、子女房間、女眷房間、僕人房間等。

1. **浩瓦爾納各宮**（al-Khawarnaq）

浩瓦爾納各宮位於今日伊拉克南部，公元四世紀息剌「馬納居剌」公國阿拉伯國王努厄曼（an-Nu'mān）命人興建此宮，作為波斯國王的行宮。此宮向西俯瞰伊拉克納加弗城及花園、棗椰與河流；向東是幼發拉底河。坐在浩瓦爾納各宮，前有流水，後有曠野，可觀賞麋鹿、蜥蜴、鴕鳥及野生動物的狩獵景觀。建築師是羅馬人，完工之後，努厄曼一世對其設計讚嘆不已，卻命人將建築師 Sinimmār 從宮殿頂端推下而死，以免他再造更精美的建築，阿拉伯諺語「Sinimmār 的報酬」意為「恩將仇報」，典故便出自於此。此宮殿持續八個多世紀，二十世紀三十年代考古學家挖掘到

十三世紀奴隸王朝 Qalāwūn 國王時期，僅花費一年多的時間便建築一系列壯麗、宏偉的清真寺、醫院和學校。這些建築遺留到現在，成為奴隸王朝的伊斯蘭建築代表。Qalāwūn 是一位神話般的國王，綽號是「千仔」，因為他主人以一千金幣買下他。（王經仁攝影）

Qalāwūn 國王時期系列建築。（王經仁攝影）

此宮殿的圓形與方形堡塔。

2. 吉姆丹（Ghimdān）宮殿

位於葉門善艾俄，其建築年代不可考，是葉門第一座宮殿，也是當時國王的王宮和宮廷辦事處。整棟建築共有二十層樓，每層高約十腕尺，宮殿四面分別是黑、白、紅、綠四色大理石牆，宮殿四角有四尊銅獅，獅子胸口敞開，風吹過聲音猶如獅吼。殿內雕樑畫棟，甚為宏偉，其最早的雕刻文字記載溯源於三世紀薩巴俄王國時期。史學者認為此宮殿是世界最古老的宮殿之一，今日葉門的善艾俄大清真寺很有可能便是建築在它的原址上，甚至於寺門便是該宮殿原來的宮門。

3. 艾姆剌（‘Amrah）宮

艾姆剌宮是八世紀巫麥亞哈里發瓦立德（al-Walīd bn Yazīd）時期所建，位於今日約旦東部沙漠的阿資剌各城。此宮包含三大拱型建築，據推斷應是巫麥亞哈里發家族狩獵時的行宮。大廳使用植物彩繪的馬賽克磚，房間則用大理石，牆壁有許多的雕刻彩繪，包含獅子、蹬羚、鴕鳥、老虎及狩獵景觀。浴室分三間，分別是熱、溫、冷水，至今仍保留得相當完整，浴室旁邊是大型更衣間。該建築設置供水系統，庭院裡有深四十米的水井，可儲存一百立方公尺的水。

4. 綠宮（al-Khaḍrā'）

位於大馬士革巫麥亞清真寺的南邊，是巫麥亞時期所建的第一座宮殿。七世紀巫麥亞第一任哈里發穆艾維亞自從任職敘利亞總督時期便居住於此，共住四十年。有些記載認為此宮在蒙昧時期便存在，後人在其舊址再增建。其名稱來自於建築的綠色圓頂，但在法堤馬時期毀於祝融，後人於十八世紀在其原址蓋宮殿，改為民俗博物館。

5. 紅宮

阿拉伯阿賀馬爾王國（Dawlah Banī al-Aḥmar, 1232-1492）統治西班牙南部時期，佳爾納拓成為安達陸斯的伊斯蘭文明中心，版圖包含安達陸斯南部許多城市，如馬拉迦城等。十三世紀穆罕默德（Muḥammad bn Yūsuf bn Naṣr）統治時期，建造這座伊斯蘭藝術史上著名的「紅宮」。

「紅宮」建在佳爾納拓的山丘上，對於退居西班牙一隅的穆斯林政權而言，是具有防禦功能的堡壘。十四世紀曾增加部分的建築，宮殿內有許多不同用途的建築。庭院有九層塔香園、獅子噴池園、長形水池庭院。宮廷每一個角落都刻著這王室的座右銘：「唯有阿拉是征服者。」此宮殿建築特點是運用許多伊斯蘭式的裝飾，譬如雕刻精美的《古蘭經》經文、複雜的幾何圖案、詩人的詩節、圖案精美的地毯等，來美化建築物的內部屋頂、牆壁、樑柱、拱門，表現出伊斯蘭藝術最高的境界。

紅宮裡隱藏著一段阿拉伯政權告別西班牙的宮廷故事。末代國王的父親阿布．哈珊（Abū Ḥasan）在位時，愛上一位西班牙將軍之女。該女年幼時在一場戰爭中被俘虜到紅宮，因此信奉了伊斯蘭。阿布．哈珊無法自拔的迷戀她，最後娶她為妻，住在紅宮的大殿。洋妃生下兩個王子，控制著國王。

王后艾伊夏所生的大兒子是當時的王儲，在洋妃的聳恿下，國王將艾伊夏和她的兩個兒子監禁在紅宮隱密之處。艾伊夏勇敢的和支持者聯繫，公元 1482 年攜子逃出紅宮。不久王儲在支持者的幫助下，與阿布．哈珊興起一場父子戰爭，將阿布．哈珊趕出紅宮，避居在他的兄弟馬拉迦城主的宮殿裡。艾伊夏王后的勇氣與智慧流傳至今，世代被阿拉伯人所稱頌。

這位返回紅宮的王儲，便是阿拉伯政權在西班牙的末代國王阿布．艾卜杜拉。阿布．哈珊過世之後，佳爾納拓與馬拉迦的戰爭不斷，最終讓西班牙人有機可趁，結束阿拉伯人在西班牙的歷史。阿布．艾卜杜拉離開時，曾回頭望著紅宮感嘆而泣，這個訣別處被稱為「末代阿拉伯人的嘆息」，其西班牙名則為 Suspiro del Moro（摩爾人的嘆息）。

◆住宅

阿拉伯建築特色傳承自古老的民族，包含古埃及人、迦南人、巴比倫人、腓尼基人、波斯人、羅馬人等。世界各民族能保存下來的古老建築往往是宗教神廟而非住宅，但有一棟位於敘利亞豪嵐山（Jabal al-Ḥawrān）的東北邊，年代可推溯至公元 578 年的住宅卻保存良好，顯得格外珍貴。屋主是羅馬附庸國「佳薩西納」阿拉伯公國的大臣。這棟住宅進門便是廳堂，並無中庭，房間彼此相連。樓下有十三個房間，樓上有十二個房間，樓下的向外窗口非常小，有如小洞口，樓上較大。這種住屋建築形式，往往樓下是牲畜住處及飼料房間，樓上是人住的房間，有對外的窗戶，房間呈長方形。此屋建築特色尚有正面的拱形柱及門檻，其源已經不可考，約出現在公元前納巴拓阿拉伯王國時期，影響了羅馬和拜占庭的建築形式。

十一世紀興起的大馬士革式建築，往往在庭院設置噴泉或池塘，四周是花園果樹、涼棚。房屋分家庭集聚的主廳、臥房、客房、倉庫等，樓上有向外眺望的窗戶。整體來看是對外封閉，對內開放。中庭的花園種植常青果樹，如檸檬、

這棟是第一次世界大戰期間的建築，位於開羅市中心面對 Talaat Harb 廣場，建築師的構思是將廣場視為眼睛，這棟半圓形建築是眉毛。目前是平價旅館、商場及住宅。（王經仁攝影）

柑橘、桑葚等，以及香郁的素馨花。「中庭」的概念可以推溯到公元前四世紀的希臘建築，因為氣候及安全考量而建。中庭四周是房間，內牆和外牆是彩色磁磚或石頭雕飾，加上幾何圖案與線條裝飾，感覺舒適而隱蔽。大馬士革式建築在工程設計上甚為珍貴，往往受到世界遺產機構的保護。

◆當代著名建築

1. 哈利法塔（Burj Khalīfah）

二十世紀以後阿拉伯海灣國家致力於發展觀光事業，完成許多世界著名的建築物及旅館。

哈利法塔位於杜拜，名稱取自今日聯合大公國總統哈利法（Khalīfah bn Zāyid Āl Nahyān）之名，建於 2004 年，歷時五年完成，2010 年 1 月啟用。其高度八百二十八公尺，共有一百八十層，是目前世界最高的建築物，地面與頂樓溫度相差六度。建築物內有五十七座電梯，最快的電梯每秒速度十公尺，號稱世界最快的電梯。哈利法塔中有世界最高的觀景台、最高的飯店、最高的清真寺及最高的游泳池。在此塔可觀賞兩次日落，一次在地面層，另一次在頂層。

2. 撒業德（Zāyid）國家博物館

2014 年建於阿布達比，預計成為現代世界藝術與文化指標性建築。此建築雄偉而新穎，以老鷹翅膀的形狀來象徵老鷹的故鄉——聯合大公國。建築物的最高點高一百二十四公尺，可以鳥瞰阿拉伯海灣。建築師是得過普立茲克獎的英國人諾曼・福斯特（Norman Robert）。

3. 阿拉伯塔（Burj al-'Arab）旅館

即俗稱的「帆船飯店」，是取阿拉伯傳統船帆的形狀建造。飯店蓋在杜拜人工島上，耗資六億五千萬美元，高三百二十一公尺，目前被列為七星級旅館。飯店離杜拜機場二十六公里，提供直升機，以及由兩個司機駕駛、號稱世界最長的勞斯萊斯禮車或 BMW 車接送的服務。國王級房間一晚價格一萬八千多美元。飯店房間的落地門窗可俯瞰阿拉伯灣，設施極盡豪華。

4. 世界最高建築——王國塔（Kingdom Tower）

沙烏地阿拉伯於 2011 年在紅海岸吉達城北邊建築高達一千公尺的大樓，預計 2018 年落成，將是世界最高建築。此建築原稱之為「一哩塔」（Mile-High Tower），因為原計畫的高度要達一・六公里，亦即一哩的高度。後來礙於地形而調整計畫。該塔建地面積五十三萬平方公尺，計畫將有二百樓層，其中一百六十層是住宅，建築物除了住宅之外，尚有五星旅館、辦公室、商場和觀景台。建築物標榜「新沙烏

科威特塔共有三座，是科威特的地標。1975 年建於阿拉伯灣（波斯灣）海岸，主塔高 187 公尺。1980 年獲得阿迦汗建築獎（The Aga Khan Award for Architecture）。（劉長政攝影）

地阿拉伯精神」。它的周邊建築包含商場和大型廣場。

阿拉伯世界的新建築皆以豪華兼具傳統特色為著，凡此皆與阿拉伯人注重民族顏面、個人身分地位的民族性息息相關，但追根究柢無非是隱藏在阿拉伯人血液裡追求「碩大美」的貝都因式浪漫。

註釋

1 Ibn ar-Rashīq (n.d.), vol. 2, pp. 313-314.
2 Abū Dāwūd 1389H (4924).
3 《古蘭經》「詩人章」（26）第 224 至 227 節。
4 Abū ar-Rub, http://www.qou.edu/arabic/magazine/issued15/research7 (2015/8/3 瀏覽)
5 al-Aṣfahānī 1995, vol. 5, p. 244; al-Maqarrī, 1967, vol. 4, p. 125.
6 https://www.alarabiya.net/views/2004/10/18/7234.html (2015/10/3 瀏覽)

Chapter 12

科學

阿拉伯人至今仍引以爲傲的是中世紀的科學成就，透過西班牙的安達陸斯政權傳布到歐洲，造就了歐洲現代科學文明的發達。中世紀的阿拉伯人將希臘羅馬的各領域書籍翻譯成阿拉伯文。並在數學、醫學、藥學、化學、天文學、光學、農業等領域不斷地創新，影響人類生活至今。

醫藥學

十二世紀之前，西方人還執著於疾病是罪惡的懲罰，穆斯林早在九世紀就對醫學有深入的研究，出現許多著名的醫師，包含外科、內科、婦產科等的男性與女性醫師。他們傳承自希臘的哲學家亞里斯多德和醫學家蓋倫（Galenus），將醫學視為自然哲學，在艾巴斯時期達到思想的巔峰。當時各大城市都設有醫學校，醫師的社會地位崇高。醫學普及民間，許多其他領域的學者也通曉醫學。譬如語言學者卡立勒路過一村，村民個個罹患眼疾，他好奇的詢問原因，得知村裡唯一的眼科醫師過世後，村民的眼疾彼此互相傳染，他找到過世醫師的住所，聞過燉煮藥方的鍋子後，為村民開出十五種藥方，罹患眼疾的村民因此痊癒。[1] 他的名言裡包含：「所有的病都有藥醫，唯有愚蠢無可救藥。」

◆醫療機構

中世紀阿拉伯世界各地的公共場所及清真寺附近都設急救站，有醫師為病患看診，並供應藥物。穆罕默德時期醫療機構都是流動醫療所的型態。醫療所的設置目的是醫治聖戰受傷的軍人，當時會在軍營搭臨時帳篷供士兵求診。這種流動性的診所逐漸普及於阿拉伯世界各地，尤其是在沒有醫院的偏遠地區。有些較大的流動醫療所，甚至需要四十隻駱駝負載醫療設備。[2]

第一所阿拉伯醫院出現在八世紀巫麥亞哈里發瓦立德時期，是為了醫療痲瘋病人而建。[3] 醫師看診會觀察病人的雙眼、舌頭、指甲、脈搏及尿液。[4] 醫院名稱使用波斯文，意為「病患之家」，裡面有領薪俸的醫師，負責醫治病人。歐洲第一所醫院出現在巴黎，比阿拉伯世界晚數世紀之久。

中世紀阿拉伯人設立三所著名的大型醫院：公元 952 年設立於巴格達的艾度德醫院（al-Mustashfā al-ʻAḍudī）、公元

1154年設立於大馬士革的努里大醫院（al-Mustashfā an-Nūrī al-Kabīr）、公元1284年設立的曼蘇里大醫院（al-Mustashfā al-Manṣūrī al-Kabīr）。

阿拉伯人統治西班牙時期，十世紀的首都哥多華城約有五十所醫院。[5] 醫院的類型包含一般醫院、軍醫院、哈里發與權貴醫院、受刑人醫院、精神病院等。

中世紀阿拉伯醫院因性別分為兩區：男病患區與女病患區。病人到醫院得先在外面診間接受篩檢，若是輕微的小病就在此處理完畢，譬如提供醫療意見與常識、開處方等。若屬於需要詳細檢查與治療的病，則依據病患疾病所屬科別，進入醫院接受檢查。首先求診病患進入更衣間，將衣服換成醫院的病患服，離開時有些醫院如曼蘇里大醫院，會提供衣服與金錢給病患，體諒他出院後將面臨的工作壓力。若病人不幸死亡，醫院會幫忙處理喪葬事宜。住院的病人享受每人兩位看護的服務。清洗工作，包含病人的衣物，全部由醫院負責。無法入睡的病人，有專門設施可以聽音樂、聽說書、看鄉村舞蹈。醫院的清真寺在晨禮之前，提早兩個小時播放減輕病患疼痛的歌。每位住院病人有他專屬的餐具，別的病患不得使用。[6]

史書記載一位外國人聞名來到大馬士革專門醫治窮人的

努里大醫院，他裝病住進醫院，想了解外面的傳說是否屬實。醫師診斷後，知道他裝病，便每天開一些美食給他，三天後遞給他一張紙條，上面寫著：「我們只招待客人三天……。」[7]

醫院依據疾病而分科，如內科、外科、眼科、傷科、精神科。各科再細分，譬如內科有腹瀉診間、發燒診間等，每一科有其診療室。

醫院設有院長，稱之為「薩烏爾」（Sā'ūr），各科設有主任醫師。醫師有值班制度，每位醫師有其固定的看診時間。除了醫師之外，醫院尚有男女護士和助理，他們皆享有優渥的待遇。

每一所醫院都設藥局，有些藥物是該醫院專有，坊間無法獲得的。許多醫院尚附設清真寺、圖書館、學校、孤兒院等。

◆醫學院與著名醫師

蒙昧時期阿拉伯人的醫療行為與醫學知識通常是代代相傳，以藥草、自然食品為藥，火烙、摘除壞死器官等為手術方式。當時人們傾向迷信，對於疑難雜症常訴諸占卜者和巫師的符咒與法器。六世紀中葉，阿拉伯人在波斯人所建的醫學院畢業後，成為受過正規學校教育的第一批醫師。伊斯蘭疆域擴張之後，阿拉伯人透過翻譯，了解柏拉圖、亞里斯多德、蘇格拉底及蓋倫的作品，將醫學注入哲學的概念，運用科學方式研究人體，並分析各種疾病，著書立說，在眼科、外科、精神科、病理學、生理學、藥學都領先世界。

中世紀的醫院同時也是醫學院，第一所與醫院分離的醫學院遲至伊斯蘭曆七世紀才出現。[8]每一所醫院都設有圖書館和大講堂，供教授級醫師授課。講堂有各種醫療設施和書籍供參閱，學生坐在老師前面聽講。醫師看診並巡視過病人後，會與學生討論，並教導學生專業知識。有時醫師會帶著學生到診間實習，猶如今日的醫學院運作方式。醫師必須經過資深醫師的考試通過才得看診。

公元十世紀中葉以前，巴格達通過考試的醫師數目已經超過八百人。[9]九世紀阿拉伯哲學家醫師金迪，受哈里發之託，掌管「智慧宮」的翻譯工作，將希臘哲學和科學作品翻譯成阿拉伯文。他運用數學理論於醫藥學中，用數學的度數來表示藥物的功效，計算出危急症狀出現的時刻，他並進行音樂治療疾病的實驗。

穆斯林醫師刺奇在巴格達完成學業之後，從事醫藥等領域的科學研究。他的著作《醫學總匯》，蒐集了希臘、印度至公元十世紀的人類醫學知識，並加入自身的學養與經驗所得。這部書被翻譯成拉丁文，歐洲人持續研究了四百餘年。刺奇其他的醫學與藥學論文，譬如他對人體器官的描繪，至十七世紀尚為歐洲醫學界視為重要的原始參考文獻。他並發現天花和麻疹，發明外科手術的縫線和藥膏。他也研究藥草，提出醫、藥分離制度。哈里發曾經命他在巴格達選擇適當的地點蓋醫院，他於是在巴格達各個不同地方的木柱上放置生肉，並選擇在生肉最後腐爛的地方蓋醫院，因為醫院需要有乾淨的空氣，肉品不易腐爛的地方代表空氣較清新、少汙染，有助於病人的治療與調養。這所醫院便是著名的「艾度德醫院」。[10]

十世紀在安達陸斯（即西班牙）有「現代外科醫學之父」稱號的阿拉伯醫師撒合刺維發明了許多手術器材，譬如檢查口腔、深入喉嚨、耳朵、拔牙的器具，以及醫用膠帶、手術刀、外科縫針、內視鏡、骨鋸等。他早在公元963年便研究子宮外孕，是歷史上第一位。他創下史上第一的紀錄尚有：研究關節炎、用雙向鈎於外科手術中、用燒烙和金屬管摘除腫瘤、用貓腸線於腸子外科手術中、用棉花止血、用束綁大動脈的方法成功止住大量出血。他也專精於修護兩顎破裂與齒列重整、難產、流產的處理，並發明移除腹中死胎的工具。公元 1000 年他將五十年的從醫經驗，匯集在他長達一千五百頁的不朽著作《醫學寶典》中。此書共三十冊，堪稱是一部醫藥百科全書，書中包含他所發明的工具圖畫與用途說明。公元十二世紀被翻譯成拉丁文，歐洲人將此書視為重要的醫學原始文獻，持續研究五世紀之久，影響歐洲醫學甚鉅。[11]

伊本．西納年僅二十二歲便著作不朽的《醫典》，並被翻譯成世界數十種語言。十五世紀起，此書的拉丁文版翻印數十次，歐洲許多大學直至十七世紀都將此書列為教科書。[12] 伊本．西納是世界上第一位在外科手術中使用麻醉劑的醫師，他留下許多有關胃潰瘍、癌症、糖尿病，甚至於藥學、解剖學及營養學的論文。

十二世紀阿拉伯醫師巴葛達迪（al-Baghdādī）對糖尿病做深入的研究，並進行臨床實驗，整理出該疾病的原因、症狀，譬如頻尿、持續口渴、消瘦等，並提出治療方法。

十三世紀安達陸斯著名的藥學家伊本．拜拓爾（Ibn al-Bayṭār）著有許多藥學論文。由於他遍訪希臘、羅馬及伊斯蘭世界，尤其是北非和大敘利亞國家，除了和當地學者們切磋之外，還研究各地的土質與植物。他豐富的觀察、歸納與實驗經驗，都濃縮在他兩部著名的藥學書籍裡：《藥物與營養詞彙總匯》（*Al-Jāmi‘ fī Mufradāt al-Adwiyah wa al-Aghdhiyah*）和《藥物集錦》（*Al-Mughnī fī al-Adwiyah al-Mufradah*）。前者是最珍貴的植物學書籍，他提及一千四百種藥材，其中有三百多種是他的發現。後者的重要性在於，他為人體各部位的疾病製作處方。他並首度提出菊苣的抗癌和抗腫瘤的作用。[13]

九世紀馬俄門哈里發時期，阿拉伯國家便施行藥品監管制度、藥劑師執照制度，藥劑師成為專門職業，著作藥典，設立學校教導學子配藥的知識。直至今日阿拉伯醫師對於一般疾病，都不致開重藥處方，對於慢性疾病開的處方通常不超過一個月。各個阿拉伯國家衛生部對於處方的開立，都有明文規定。

阿拉伯數字

與現代人日常生活息息相關的數目字，包含阿拉伯世界使用的數字與世界通用的「阿拉伯數字」，是眾所皆知的阿拉伯智慧。

現在阿拉伯世界使用的數字，可溯源至公元七世紀印度數學暨天文學家婆羅摩笈多（Brahmagupta）在628年所作的名為《Brahma原理》（*Brāhmasphuṭasiddhānta*）的天文學與數學書籍，書中內容包含九個數字的運用，但是當時印度並未有統一的數字寫法。公元八世紀印度天文學家出使艾巴斯宮廷時，攜帶此書贈予當時艾巴斯的哈里發曼舒爾。曼舒爾哈里發命人翻譯此書，並委任當時的天文學家法撒里（al-Fazārī）參考此書，著作《永恆》（*As-Sind Hind*）。

九世紀穆斯林科學家花剌子密（al-Khwārizmī or Algoritmi）將此書中的印度數字應用在星曆表上，並於 825 年著作印度數字十進位制的論文，傳至歐洲。但是歐洲一直到十六世紀才完全使用這套阿拉伯數字。其過程可能是在十一、十二世紀有兩位英國人到安達陸斯學習阿拉伯科學，並將花剌子密的作品翻譯成英文，歐洲人才認識了阿拉伯數字。

穆斯林因為花剌子密的研究而認識數目字。在此之前，阿拉伯人計算時使用字母來代表數字，每一個字母代表一個數字，二十八個阿拉伯字母代表 1 到 10，接著是 20、30、40…100，然後是 200、300、400…1000。由於當時印度數字有許多型態，阿拉伯人選擇其中一組，並加以調整，成為今日使用於大部分阿拉伯地區，如大敘利亞、伊拉克、阿拉伯海灣國家的數字，阿拉伯人稱之為「印度阿拉伯數字」或「東阿拉伯數字」。

花剌子密根據角度的數目，制定數字的形態。譬如數字

1 有一個角，2 有兩個角，一直到 9 有九個角。

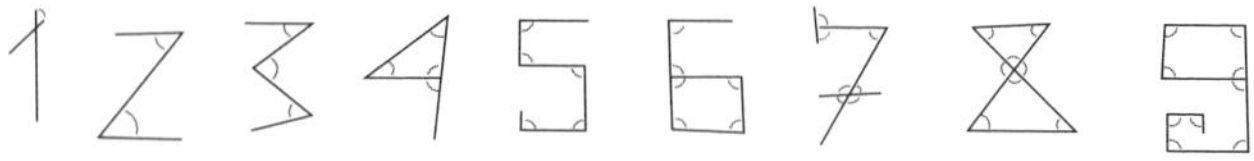

阿拉伯人在公元 873 年創造了「0」，不含任何角度。印度人鑑於 0 會與數目字 5（٥）混淆，而於 876 年以一點（٠）來代表零。今日在大部分阿拉伯地區便使用這套印度數字（١٢٣٤٥٦٧٨٩٠）。而阿拉伯人創造的數字，則由阿拉伯人統治的安達陸斯傳到歐洲，變成世界通用的「阿拉伯數字」，阿拉伯人稱它為「西阿拉伯數字」。

數學與物理學

「代數之父」花剌子密的《還原與平衡》（*al-jabr wa-l-muqābalah*）一書，解決一次方程式及一元二次方程式，開創數學的方向，並著有算術書籍，發展出算術運用方法。代數（algebra）一詞便源自於 al-jabr。算術與算法（Algorism、Algorithm）則出自花剌子密的拉丁文譯名 Algoritmi。阿拉伯數學的發展持續到十三世紀，包含建立三角恆等式，提出對球狀三角形和平面三角形的解法，製作精密的三角函數表。中世紀阿拉伯世界出現許多國際著名的數學家及數學成果，影響後來全世界的數學發展。

十一世紀科學家拜魯尼精通天文、數學、物理、藥學、哲學、歷史等，著作多元。他的著作用阿拉伯文和波斯文撰寫，並熟諳梵文、希臘文，翻譯了許多作品。他將實驗科學應用到力學上，區分光和聲音的速度，並提出地心引力的存在。

巴格達科學家伊本·海山姆和伊本·西納發現運動慣性定律和動量。巴葛達迪則發現力和加速度的比值，他們為牛頓定律奠基。伊本·海山姆是第一位提議把尼羅河的水儲存在亞斯文，以解決乾旱問題的工程學家。埃及法堤馬王朝的哈里發為了禮遇他，親自出城迎接。當他發現以當時的條件難以達成時，便裝瘋隱世，以免惹禍上身。他的治水方法在八個世紀之後實現。[14] 他對世界有多領域的貢獻，他發現照相機原理，以實驗證明光線進入眼睛，產生影像，拉丁文的照相機 camera obscura 即「暗房」，便源於他對光線物理性質的描述。有孔折射亦是他的理論，換言之，他發明了照相機的前身，物理學上被稱之為「光學之父」。

天文學

阿拉伯人從八世紀到十五世紀在天文學上的貢獻斐然，

出現許多傑出的天文學家，尤其在艾巴斯時期，馬俄門哈里發在智慧宮裡建造天文台，配合翻譯其他古文明如希臘、波斯、印度的天文學著作，產生許多傑出的天文學著作與發現。他們將這領域的輝煌成就歸功於《古蘭經》的教誨，經文中說：「他為你們創造諸星，以便你們在陸地和海洋的重重黑暗裡，借諸星而遵循正道。我為有知識的民眾確已解釋一切跡象了。」（6: 97）阿拉伯人因此積極發展星象觀測及航海技術。他們著重使用身體的感官，不同於希臘著重理智，並反駁亞里斯多德所提出地球是宇宙中心的「地球中心說」。刺奇便曾提出「多元宇宙論」，認為宇宙或世界數量無限，其論點應該源自於《古蘭經》的「眾世界」觀點。

傑出的天文學家譬如拜魯尼，是世界上第一位闡述天體現象實驗的科學家，他區分天文學和占星學，是第一位提出地球是繞軸心轉動的學者。花刺子密的書籍裡便包含日、月及行星的運轉圖。阿拉伯人也是第一個繪製古代世界地圖的民族，許多恆星及天文學專有名詞都源自於阿拉伯文。然而至今尚有許多中世紀阿拉伯人的天文學著作仍停留在手抄本的狀態，尚未被研究，阿拉伯人對科學的貢獻超過世人的認知。

今日月球的環形山便用許多阿拉伯、穆斯林科學家的名字稱呼，譬如 55 公里的 Abū al-Wafā'（d. 998）是天文學家暨數學家、65 公里的 Abulfeda 是史學家 Ismā'īl Abū al-fidā' (d. 1331)、114 公里的 Albategnius 是文學家暨史學家 al-Battānī (d. 929)、32 公里的 Alhazen 是天文學家、數學家暨物理學家伊本・海山姆、65 公里的 Al-Khwarizmi 是天文學家暨數學家花剌子密（d. ca. 825）、74 公里的 Avicenna 是伊本・西納（d. 1037）……等。

天文學的發展使得阿拉伯人擅長觀測天象，從雲、風的動向，預測陰、晴和雨量，甚至於降落的地點，並得以測出豐沛雨量及乾旱的地區。這些知識使一般百姓運用在「尋水術」上，經由嗅聞或觀察土壤、植物生長的狀況，以及土壤顏色、土質等，了解地底所蘊藏的水源、水的數量及其所在地。此外尚有「探金術」，即從土壤了解金屬與寶石藏量。這門技術需要非常精密的知識與技巧，一旦有豐富的知識便能事半功倍。

在沙漠中他們發展出「追蹤術」，經由痕跡或足跡判斷人或動物的狀態，譬如是人或是動物？是男是女？瞎子或明眼人？老人或年輕人？公駝或母駝？公狼或母狼？要睡覺的羚羊或要吃草的羚羊？數量、重量、方向、提重物或未攜帶物品等。沙漠中的小偷、強盜都無法匿跡。

追蹤術通常自小訓練，靠經驗、天份、敏銳的觀察力，各部落都有一些精於此技者，幫助解決部落問題，尤其是犯罪問題，儼然是沙漠中的檢察官。

曆法

阿拉伯人自古擅長觀測月亮，施行陰曆，直至今日許多阿拉伯國家仍使用伊斯蘭曆。伊斯蘭曆源自伊斯蘭之前的蒙昧時期曆法，是根據月亮盈虧計算的陰曆，單月有三十天，雙月二十九天，一年有三百五十四天，比西曆少十一天。伊斯蘭曆有閏年，每三十年有十一年是閏年，十二月在閏年是三十天。伊斯蘭曆元年一月一日相當於公元 622 年 7 月 16 日。伊斯蘭曆載於《古蘭經》中：「依真主的判斷，月數確是十二個月，真主創造天地之日，已記錄在天經中。其中有四個禁月，這確是正教。故你們在禁月裡不要自欺。……」（9: 36）

伊斯蘭之前阿拉伯人以月牙出現算起到再見月牙，稱為一個月。一年中有四個月不打仗，稱之為「禁月」，分別是伊斯蘭曆一、七、十一、十二月。在禁月裡他們舉辦市集，到卡厄巴天房朝聖。若發生大事件，便以該事件作為該年名稱，譬如亞伯拉罕和其子伊斯馬邑勒「建天房年」（約公元前 1855 年）、「馬俄里卜水壩倒塌年」（公元前 115 年）、「象年」（公元 571 年）……等。

天文學家拜魯尼認為，公元五世紀末的阿拉伯人，同時使用陽曆和陰曆。有些地區的阿拉伯人甚至只使用陽曆。[15] 由於當時各部落到卡厄巴朝聖的時間各不相同，因此月份名稱因其活動時節而未統一。公元 412 年阿拉伯各部落首領曾集聚一堂，訂定了陰曆月份的名稱，伊斯蘭興起之後繼續沿用。第二任正統哈里發烏馬爾將穆罕默德從麥加逃亡到麥地那那年（公元 622 年）稱之為伊斯蘭曆元年。換言之，這些月份名稱承襲自蒙昧時期，各個月份名稱因蒙昧時期社會習俗而有其意義：

- al-Muḥarram：禁月；因為蒙昧時期阿拉伯人在該月不打仗。
- Ṣafar：空月；因為蒙昧時期阿拉伯人在該月都出外打仗，家家戶戶無男人。
- Rabīʿ al-Awwal：首春月；蒙昧時期該月制定時是春天。
- Rabīʿ ath-Thānī：再春月；該月緊接首春月。
- Jumādā al-Ūlā：首冰月；因制訂該月時為冬天，水結成冰。
- Jumādā ath-Thāniyah：再冰月；該月緊接首冰月。
- Rajab：摘除月；因為該月是四禁月之一，阿拉伯人將矛頭從矛身摘下，不打仗。

- Sha'bān：分隔月；因為阿拉伯人在該月各自歸至不同隊伍去打仗。
- Ramaḍān：熱月；是穆斯林的齋月，其名稱源自制定此月名稱時正值最熱的夏天。
- Shawwāl：翹尾月；是穆斯林的開齋節月，因為在此月母駝瘦弱缺奶水，當母駱駝缺奶水時尾巴會上揚。
- Dhū al-Qa'dah：閒坐月；該月是四禁月之一，阿拉伯人在此月閒坐不打仗。
- Dhū al-Ḥijjah：朝聖月；該月是四禁月之一，亦是伊斯蘭的朝聖與宰牲節月，蒙昧時期阿拉伯人也在此月到卡厄巴天房朝聖。

除了伊斯蘭曆之外，在阿拉伯各地區也使用源自古敘利亞語的陽曆月份名稱。有些阿拉伯國家如埃及、大摩洛哥地區，逐漸改用來自拉丁文或法文的西曆 January、February、March……等的譯音。但大敘利亞地區包含敘利亞、約旦、黎巴嫩、巴勒斯坦以及伊拉克，則維持使用古敘利亞語的陽曆月份名稱。因此，阿拉伯世界所使用的月份名稱因地而不同。

拉丁語月份名稱的使用，遠自阿拉伯人統治西班牙的時期，當時拉丁文月份便已翻譯成阿拉伯文，並使用在大摩洛哥地區。法國統治阿爾及利亞、摩洛哥和突尼西亞之後，便使用翻譯自法語的西曆月份，兩者譯音仍很相近。

古敘利亞語的陽曆月份名稱意義如下：

- 十二月 Kānūn al-Awwal 及一月 Kānūn ath-Thānī：意為「安穩」，因天寒而蟄伏於家裡。
- 二月 Shubāṭ：在古敘利亞語裡，該詞意為「鞭、打」，取自嚴寒的風襲擊之意。二月原本有二十九天，羅馬長老會議決議將其中一天添加在七月份裡，因為七、八月份的名稱都取自羅馬皇帝的名字，故天數需相同。
- 三月 Ādhār：此詞的古敘利亞語是取自古波斯語，是火神的名字。或說取自阿卡德語，意為「灌溉樹木」。
- 四月 Nīsān：取自巴比倫語，意為「開始」，因為是巴比倫人宗教年的第一月。在古敘利亞語裡該詞意為：綠、草，古希伯來語的四月原本亦稱之為 Nīsān。在公元前六世紀巴比倫囚被釋放後，猶太人將此月名稱改為 Abīb（意為：花）。以色列人將首都建在乾旱的砂質地上，稱它為「特拉耶夫」（Tall Abīb，意為：花丘），便是期待它成為春華繁榮之地。
- 五月 Ayār：在巴比倫語裡此詞意為「光」或「花」。在阿拉伯語裡，此詞意為熱風或北風，因為此月常會有焚風出現。

- 六月 Ḥazīrān：在古敘利亞語裡，該詞意為「小麥」，因為六月是小麥收成月。
- 七月 Tamūz：此詞源自於巴比倫語，甚至於更早的蘇美語，意為「生命之子」，是神祇的名字。此神死而復生，祂的死象徵著大自然的滅亡，祂的再生象徵著大自然的復甦。
- 八月 Āb：在巴比倫語裡，此詞意為「敵對」，是巴比倫人的火神名字，因為八月的熱，形同大地的敵人。此詞在阿拉伯語裡則是草與植物的意思，八月是果實收成的月份。
- 九月 Aylūl：此詞在阿拉伯語裡意為：哭喊，在神話裡人們為 Tamūz 的死而哀悼、哭泣。
- 十月 Tishrīn al-Awwal 及十一月 Tishrīn ath-Thānī：在古敘利亞語裡意為「前者」和「後者」。阿拉伯語裡意為「開始」，因為它是古敘利亞人的第一個月份。如前述，巴比倫人的宗教年第一個月是四月，民間年第一個月則是十月。

許多阿拉伯諺語與月份名稱有關，譬如「寧走在克奴

（十二月和一月）雲下，莫走在二月雲下。」「三月，地震和雨之父。」「四月雨，人再生。」「五月，小黃瓜成熟時。」「六月，杏果下來，石榴肥大。」「七月，採擷仙人掌果。」「八月是火月，採葡萄，不要怕。」「九月尾巴潮濕。」「十月、十一月，第二夏。」「瘋子的婚禮在克奴。」「克奴，穿腸時節。」

早年阿拉伯國家每星期放假兩天：星期四和星期五。星期五是穆斯林的聚禮日。自上世紀末葉，阿拉伯國家與世界的互動日漸頻繁之後，許多國家將假日改到星期五和星期六，以便與世界接軌，但仍有一些阿拉伯國家保留星期四、五的假日。

歷史學者認為最早將一星期分為七天，並分別給予不同名稱的民族是巴比倫人。他們用熟悉的五個行星名稱來稱呼其中五天，第六天是月亮日，第七天是太陽日。阿拉伯人稱呼這七天，曾經歷三階段，第一階段他們並未給予一星期七天的名稱，僅給予一個月每三天成一組的名稱。第二階段便是蒙昧時期與半島各民族的接觸，而分一星期為七天，給予不同的名稱。最初他們稱呼這七天為：Aḥad（星期日）、Ahwan（星期一）、Jubbār（星期二）、Dubbār（星期三）、Mu'nis（星期四）、'Arūbah（星期五）、Shayār（星期六）。

最後階段以數目衍生的名詞來稱呼，意即今日的稱呼。

由於星期日是第一天，伊斯蘭之前人們稱「第一」為 al-Aḥad，故稱星期日為 al-Aḥad；星期一是第二天，故稱為 al-Ithnayn，其他名稱以此類推至星期四（第五天）。星期五（al-Jumu'ah）衍生自 al-jam'（聚集），與當時眾人群聚禮拜等相關。根據十三世紀古爾突比（al-Qurṭubī）的說法，「星期五」（al-Jumu'ah）名稱啟用，始於伊斯蘭後麥地那的輔士們的意見。他們認為猶太教徒每星期六聚會，基督徒在星期天聚會，因此穆斯林也應設定一天聚會，以便唸阿拉、做禮拜，並把這一天訂在當時阿拉伯人稱為 al-'Arūbah 的星期五，將這一天名稱改為 al-Jumu'ah，取其詞根「聚集」之意。[16]

「星期六」（as-Sabt）是一星期的第七天，其名稱在阿拉伯語原意為「阻斷」，由於阻隔了另一個七天的循環或阻斷了工作而稱之。根據一些阿拉伯學者的解釋，因為以色列人在這一天「阻斷」所有的工作，去休息，故而衍生為「休息」之意。同屬於閃語的希伯來語，「星期六」（shabbat）一詞與阿拉伯語的 as-Sabt 語音幾乎相同，其意義與「七」、「休息」都有關聯，英語裡的 sabbatical leave、sabbatical year 便溯源於此。

解夢學

在阿拉伯國家生活，有時候會很難辨別科學與信仰；兩者之間往往只是一線之差。自古阿拉伯社會便有解夢學，其起源比希臘的解夢學書籍被翻譯成阿拉伯文還要早，阿拉伯人不認為那是迷信，而是科學。他們認為夢中看見的，有些是來自阿拉，有些是來自魔鬼，有些夢是在警示做夢人的。解夢人對未來或看不見的世界具有洞視能力。中世紀阿拉伯世界出現一些著名的解夢人和著作，最著名的是伊本・西霖的《夢解》（*Tafsīr al-Aḥlām*）。其主題包含男人、女人、身體器官、各種動植物、武器、懷孕、生產、死亡、氣候及外相等。譬如刀和匕首代表男人的生理器官，小鳥代表處女的肢體。其解夢原則包含根據傳統阿拉伯人的信念、古蘭經、數字涵義及具體事務的象徵意義等，譬如小麥、奶品是吉利的象徵；劍、山、某些樹象徵男人；雌鳥、內衣、鞋象徵女人；蛋象徵子嗣、家庭、豐盈；枕頭象徵配偶和錢財；鏡子象徵幻象或自大；美女象徵來年幸福；學校象徵老師或學者，有時也象徵夫妻離異等。

伊本・西霖認為預料最正確的夢是帝王及奴隸做的夢，然後依次是一般男人、女人和小孩的夢。他提到做夢者身處的環境會影響解夢的結果。譬如身處炎熱氣候的做夢人若夢到冰雪，表示收成很差或乾旱；同樣的夢若是出自身處寒冷地帶的做夢人，則其意義正好相反，表示有豐收。

夢裡的顏色也象徵著某些意義，白色象徵成功和權力，若在夢中見到自己面色慘白，表示疾病將纏身。藍色的夢象徵著憂愁與厄運。紅色代表疾病痊癒，福氣將至或遠行人返鄉。夢見綠色衣服表死者受祝福，生者虔誠。夢到黑色物，代表錢財和領導。夢到金色代表卑微。夢到自己的臉色變黃色，表疾病將至。這些顏色的象徵意義，深入阿拉伯人的思維裡，表現在他們的生活中。

顏色所代表的意義隨著各時代多元文化的影響，正負面的意義也逐漸淡化。譬如黑色對阿拉伯人而言有兩極化的意義，是活力及權力的象徵，而「雙黑」指的是椰棗和水，或蛇和蠍子，但也有黑暗、迷途、恐懼的負面意義。紅色代表熱情、生命力，但也代表廝殺、戰爭、傷害等。綠色始終是阿拉伯人感覺希望與樂觀的顏色，象徵著生生不息的生命力與福澤，自古至今完全沒有負面的意義。白色代表純淨、光明；譬如巫麥亞詩人阿可拓勒（al-Akhṭal）說：

我在漆黑裡看見炫白，

彷如祈求的黑在施予的白裡。

藍色在阿拉伯文化裡始終是代表死亡、疾病、憂鬱、失敗等負面意義。譬如藍色的眼睛是邪惡之眼。《古蘭經》裡便有經文形容火獄的人：「那是吹號角之日，那天我將聚集藍色眼睛的罪犯。」（20: 102）黃色也始終代表枯竭、老邁、衰弱等。《古蘭經》的經文：「然後，田苗枯槁，你看它變成黃色，繼而零落。」（57: 20）描述沉迷於世俗享受者的下場。

註釋

1 as-Suyūṭī 1964, vol. 1, p. 559.
2 al-Maqrīzī, vol. 2, p. 405.
3 Ibid., vol. 2, p. 405; Ibn Abī Uṣaybi'ah 1996, vol. 1, p. 34.
4 Ibn Abī Uṣaybi'ah 1996, vol. 1, p. 34.
5 Muṣṭafā 2010, p. 105
6 Ibid., pp. 105-106.
7 http://www.al-waie.org/archives/article/1903
8 al-'Āmilī, p. 62.
9 al-'Āmilī, p. 64.
10 Ibn Abī Uṣaybi'ah, *'Uyūn al-Anbā' fī Ṭabaqāt al-Aṭibbā'*. http://www.al-eman.com/%D8%A7%D9%84%D9%83%D8%AA%D8%A8/نويع%20ءابنألا%20يف%20تاقبط%20ءابطألا%20**/ وبأ%20ركب%20دمحم%20نب%20ايركز%20يزارلا%20/i79&d62098&c&p1#s6 (2017/6/28 瀏覽)
11 Fayyāḍ, pp. 101-103.
12 Ibid., p. 112.
13 Ibid., p. 175.
14 Ibid., p. 115.
15 al-Mas'ūdī, 1986, vol. 1, p. 249.
16 al-Qurṭubī, vol. 18, pp. 88-89.

隸屬 St. Catherine 城的 Abbas Pasha 山，其最高峰 2341 公尺。1853 年埃及總督 Abbas 巴夏開始於此山建其宮殿，據說他曾派人將生肉放在各處，發現此山的肉最慢腐壞，空氣清新，而選擇此山居住。無奈隔年他便過世，山頂的宮殿建築至今未完成。（王經仁攝影）

參考書目

'Abd ar-Raḥmān, 'Afīf; *Mu'jam ash-Shu'rā' al-Jāhilīyīn wa-Mukhaḍramīn*, Beirut: Dār al-'Ulūm, 1983.

______; *Ash-Shi'r wa-Ayyām al-'Arab fī al-'Aṣr al-Jāhilī*, Beirut: Dār al-Andalus, 1984.

'Abd at-Tawwāb, Ramaḍān; *Fuṣūl fī Fiqh al-'Arabīyah,* Cairo: Maktabah al-Khānjī, 1997.

______; *Karāhah Tawālī al-Amthāl fī Abniyah al-'Arabīyah*, Iraqian Journal, Majallah al-Majma' al-'Ilmī, No. 18, 1969.

______; *At-Taṭawwur al-Lughawī,* Cairo: Maktabah al-Khanjī, 1997.

'Abduh, Qāsim; *'Aṣr Salāṭīn al-Mamālīk,* Cairo, 1998.

Abū 'Alī, Nabīl; *Qiṣṣah al-Ḥurūb aṣ-Ṣalībīyah*, Ghazah: Dār al-Miqdād, 1992.

Abū al-Rub, Hānī; *Ziryāb wa-Atharuhu fī al-Ḥayāh al-Ijtimā'īyah wa-l-Fannīyah fī al-Andalus*. http://www.qou.edu/arabic/magazine/issued15/research7.htm

Abū as-Su'ūd, 'Abbās; *Azāhīr al-Fuṣḥā fī Daqā'iq al-Lughah*, Cairo: Dār al-Ma'ārif, 1970.

Abū aṭ-Ṭayb al-Lughawī; *Al-Aḍdāb fī Kalām al-'Arab*, 'Azzah Ḥasan(e.d.), Damascus, 1963.

al-Aḥmad, Yūsuf bn 'Abd Allāh; *Libās al-Mar'ah*, Riyadh: Al-Imām University, 1421H.

al-Albānī, Muḥammad Nāṣir ad-Dīn; *Ṣaḥīḥ at-Targhīb wa-t-Tarhīb li-l-Mundhirī*, Cairo: Maktabah al-Ma'ārif,1421H.

Āl Yāsīn, Muḥammad Ḥusayn; *Ad-Dirāsāt al-Lughawīyah 'inda al-'Arab*, Beirut: Dār al-Maktabah al-Ḥayā, 1980.

al-'Āmilī, Ja'far; *Al-Ādab aṭ-Ṭibīyah fī al-Islām*, (n.d.).

al-'Amilī, Aḥmad Riḍā; *Mawlid al-Lughah*, Beirut, 1956.

al-'Āmirī, Muḥammad Bashīr; *Dirāsāt Ḥaḍārīyah fī at-Tārīkh al-Andalusī,* Amman: Dār Ghīdā', 2012.

Amin, Aḥmad; *Ḍaḥā al-Islām*, Beirut: Dār al-Kitāb al-'Arabī, 1969.

______; *Fajr al-Islām*, Beirut: Dār al-Kitāb al-'Arabī, 1975.

______; *Ẓuhr al-Islām*, Beirut: Dār al-Kitāb al-'Arabī, 1969.

Anīs, Ibrāhīm; *Al-Aṣwāt al-Lughawīyah*, Cairo: Maktabah al-Anjulū al-Miṣrīyah, 1979.

______; *Fī al-Lahajāt al-'Arabīyah*, Cairo, 1952.

______; *Min Asrār al-Lughah*, Cairo: Maktabah al-Anjulū al-Miṣrīyah, 1978.

Anīs, Muḥammad; *Ad-Dawlah Al-'Uthmānīyah wa-sh-Sharq Al-'Arabī*, Cairo: Maktabah al-Anjulū al-Miṣrīyah, 1985.

al-Anṣārī, Abū Zayd; *An-Nawādir fī al-Lughah*, Beirut: Sa'īd ash-Shartūnī, 1894.

al-Asad, Nāṣir ad-Dīn; *Maṣādir ash-Shi'r al-Jāhilī wa-Qīmatu-hā*, Cairo, 1956.

al-Aṣfahānī, Abū al-Farj. *Kitāb al-Aghānī*, Beirut: Dār al-Fikr li-ṭ-Ṭibā'ah wa-n-Nashr, 1995.

al-'Ashmāwī, Muḥammad Sa'īd; *Ḥaqīqah al-Ḥijāb*. Majallah Rūz al-Yūsuf, Egyptian magazine 3444, Cairo, 13 June 1994.

'Āshūr, Sa'īd. *Al-Ḥarakah aṣ-Ṣalībīyah*, Cairo.

al-'Askarī, Abū Hilāl al-Ḥasan; *Jamharah Al-Amthāl*, Muḥammad Abū al-Faḍl Ibrāhīm & 'Abd al-Mujīd Qaṭāmish(ed.), Cairo: Mu'assasah al-'Arabīyah al-Ḥadīthah, 1964.

al-Aṣma'ī, Abū Sa'īd 'Abd al-Malik; *Ishtiqāq al-Asmā'*, Ramaḍān 'Abd at-Tawwāb (ed.), Cairo: Maktabah al-Khānjī, 1980.

al-'Asqalānī, Aḥmad bn 'Alī Ḥajar; *Fatḥ al-Bārī*, Muḥammad 'Abd al-Bāqī (ed.), Cairo: Dār al-Fikr, (n.d.).

Ayyūb, 'Abd Raḥmān; *Al-Lughah wa-t-Taṭawwur*, Cairo, 1946.

al-Azharī, Abū Manṣūr Muḥammad; *Tahdhīb al-Lughah*, Cairo: al-Dār al-Miṣrīyah li-t-Ta'līf wa-t-Tarjamah, 1964-1976.

Bābatī, 'Azīzah Fawwal; *Al-Mu'jam al-Mufaṣṣal fī an-Naḥw*, Beirut: Dār al-Kutub al-'Ilmīyah, 1992.

al-Baghdāndī, 'Abd al-Qādir bn 'Umar; *Khizānah al-Adab*, Beirut: Dār aṣ-Ṣādir, (n.d.).

al-Baghdādī, al-Ḥāfiẓ Abū Bakr al-Khaṭīb; *Al-Bukhalā'*, Basām 'Abd al-Wahhāb (ed.), k-tab. net.

______; *Tārīkh Baghdād*, Cairo: Dār al-Fikr, 1349H.

al-Bahbītī, Najīb Muḥammad; *Tārīkh ash-Shi'r al-'Arabī ḥattā Ākhir al-Qarn ath-Thālith al-Hijrī*, Cairo,1961.

Bishr, Kamāl Muḥammad; *Al-Aṣwāt al-'Arabīyah*, Cairo: Maktabah ash-Shabāb (n.d.).

______; *Dirāsāt fī 'Ilm al-Lughah*, Cairo: Dār al-Ma'ārif, 1973.

______; *'Ilm al-Lughah al-'Amm—al-Aṣwāt*, Cairo: Dār al-Ma'ārif, 1980.

al-Bukhārī, Muḥammad Ismā'īl bn Ibrāhīm; *Ṣaḥīḥ al-Bukhārī*, Beirut: Dār al-Kutub al-'Ilmīyah, 1992.

Ḍayf, Shawqī; *Al-'Aṣr al-'Abbāsī al-Awwal*, Cairo: Dār al-Ma'ārif, 1976.

______; *Al-'Aṣr al-Islāmī*, Cairo: Dār al-Ma'ārif, 1963.

______; *Al-'Aṣr al-Jāhilī*, Cairo: Dār al-Ma'ārif, 1960.

______; *Al-Fann wa-Madhāhibu-hu fī ash-Shi'r al-'Arabī*, Cairo: Dār al-Ma'ārif, 1978.

______; *Funūn al-Adab al-'Arabī - ar-Rithā'*, Cairo: Dār al-Ma'ārif.

______; *Al-Madāris an-Naḥawīyah*, Cairo: Dār al-Ma'ārif (n.d.).

ad-Dūrī,'Abd al-'Azīz; *At-Takwīn At-Tārīkhī li-l-Ummah al-'Arabīyah*, Beirut: Markaz Dirāsāt al-Waḥdah al-'Arabīyah, 1984.

al-Fakhūrī, Ḥannā; *Al-Mūjaz fī al-Adab al-'Arabī wa-Tārīkhi-hi*, Beirut: Dār al-Jīl, 1991.

______; *Tārīkh al-Adab al-'Arabī*, Beirut: al-Maktabah a1-Būlisīyah,1987.

al-Fārābī, Isḥāq Ibrāhīm; *Dīwān al-Adab*, Aḥmad Mukhtār 'Umar (ed.), Cairo: Majma' al-Lughah al-'Arabīyah, 1974.

al-Farāhīdī, al-Khalīl bn Aḥmad; *Kitāb al-'Ayn*, Mahdī al-Makhzūmī (ed.), Beirut: Mu'assasah al-A'lamī li-l-Maṭbū'āt, 1988.

al-Farrā', Abū Zakrīyah Yaḥyā; *Ma'ānī al-Qur'ān*, Beirut: 'Ālam al-Kutub, 1980.

Farūkh, 'Umar; *Tārīkh al-Adab al-'Arabī*, Beirut: Dār al-'Ilm li-l-Malāyīn, 1984.

Fayyāḍ, Sulaymān; *'Amāliqah al-'Ulūm at-Taṭbīqīyah wa Injāzātuhum al-'Ilmīyah fī al-Ḥaḍārah al-Islāmīyah*, Maktabah al-Usrah, 2001.

Fayṣal, Shukri; *Taṭawwur al-Ghazal bayna al-Jāhilīyah wa-l-Islām*, Damascus: University of Damascus, 1959.

Hādī Aḥmad; *Tārīkh al-Ḥaḍārah al-Islāmīyah*, Amman: Jama'īyah 'Ummāl al-Maṭābi' at-Ta'āwunīyah, 1991.

______; *Ẓāhirah al-Mukhālafah aṣ-Ṣawtīyah*, Cairo:Maktabah az-Zahrā' (n.d.).

al-Ḥamdānī, Ḥasan; *Ṣifah Jazīrah al-'Arab*, Muḥammad bn 'Alī (ed.), Riyadh: Dār al-Yamāmah li-l-Baḥth wa at-Tarjamah, 1974.

al-Ḥamawī, Yāqūt; *Mu'jam al-Udabā'*, ar-Rafā'ī (ed.), Beirut: Dār Iḥyā' al-Turāth al- 'Arabī (n.d.).

al-Ḥāmid, 'Abd Allah; *Ash-Shi'r fī Al-Jazīrah Al-'Arabīyah*, Riyadh: Dār al-Kitāb, 1986.

al-Harawī; *al-Azhīyah fī 'Ilm al-Ḥurūf*, 'Abd al-Mu'īn al-Malūḥī (ed.), Damascus, 1971.

al-Ḥarbī, Abū Isḥāq; *Al-Manāsik wa Amākin Ṭuruq al-Ḥajj wa Ma'ālim al-Jazīrah*, Ahmad al-Jāsir (ed.), Riyadh: Dār al-Yamāmah li-l-Baḥth wa at-Tarjamah, 1969.

Ḥasan, Ibrāhīm; *Tārīkh al-Islām as-Siyāsī wa-d-Dīnī wa-th-Thaqāfī wa-l-Ijtimā'ī*, Cairo: Maktabah an-Nahḍah al-Miṣrīyah, (n.d.).

al-Ḥāyik, Sīmūn; *'Abd al-Raḥmān al-Awsaṭ*, 1982.

Ḥusayn, Ṭāha & Amīn, Aḥmad; *At-Tawjīh al-Adabī*, Cairo: Cairo University, 1998.

Ḥusayn,Ṭāha; *Fī al-Adab al-Jāhilī*, Cairo: Dār al-Ma'ārif (n.d.).

______; *Ḥadīth al-Arbi'ā'*, Cairo: Dār al-Ma'ārif, 1962.

Ibn 'Abd Rabbih al-Andalusī, Aḥmad bn Muḥammad; *Al-'Iqd al-Farīd*, Beirut: Dār al-Kitāb al-'Arabī, 1986.

Ibn Abī Uṣaybi'ah, Muwaffaq al-Dīn; *'Uyūn al-Anbā' fī Ṭabaqāt al-Aṭibbā'*, 'Āmir an-Najjār (ed.), vol.1, Cairo: Dār al-Ma'ārif (n.d.).

______; *'Uyūn al-Anbā' fī Ṭabaqāt al-Aṭibbā'*. (http://www.al-eman.com/%D8%A7%D9%84%D9%83%D8%AA%D8%A8/عيون%20الأنباء%20في%20طبقات%20الأطباء%20**/أبو%20بكر%20محمد%20بن%20زكريا%20الرازي%20/i79&d62098&c&p1#s6)

Ibn Anas, Mālik; *Al-Muwaṭṭa'*, Farūq Sa'd (ed.), Beirut: Dār al-Āfāq al-Jadīdah, 1979.

Ibn 'Asākir, *Tārīkh Dimashq*, Beirut: Dār al-Fikr.

Ibn Baṭṭāl; *Sharḥ al-Bukhārī*, http://islamport.com/d/1/srh/1/32/744.html?zoom_highlightsub=%E5%CF%ED%C9 (2013/3/21 瀏覽)

Ibn Baṭṭūṭah, Muḥammad bn 'Abd Allāh; *Riḥlah Ibn Baṭṭūṭah*, Talāl Ḥarb (ed.), Beirut: Dār al-Kukub al-'Ilmīyah, 1992.

Ibn al-Athīr al-Jazarī, Abū al-Ḥasan 'Alī bn Muḥammad; *Al-Kāmil fī at-Tārīkh*, Abū al-Fidā' al-Qāḍī (ed.), Beirut: Dār al-Kutub al-'Ilmīyah, 1987.

Ibn al-Athīr, al-Mubārak bn Muḥammad; *Jāmi' al-Usūl fī Aḥādīth ar-Rasūl*, 'Abd al-Qādir al-Arnā'ūṭ (ed.), Cairo: Maktabah Dār al-Bayān, 1972.

Ibn Durayd, Abū Bakr Muḥammad; *Al-Ishtiqāq*, 'Abd as-Salām Hārūn (ed.), Cairo: Dār al-Jīl, 1991.

______; *Jamharah al-Lughah*, Ramzī Ba'labakkī (ed.), Beirut: Dār al-'Ilm li-l-Malāyīn, 1988.

Ibn Fāris, Abū al-Ḥasān Aḥmad; *Aṣ-Ṣāḥibī*, Aḥmad Ṣaqīr (ed.), Cairo: Maṭba'ah 'Īsā al-Bānī al-Ḥalabī, 1977.

Ibn Ghyth,'Ātiq; *Mu'jam Ma'ālim al-Ḥijāz*, Macca: Dār Macca li-n-Nashr wa at-Tawzī',

1978-1981.

Ibn al-Ḥājib, Jamāl ad-Dīn; *Al-Kāfiyah fī an-Naḥw Sharḥ Raḍī ad-Dīn al-Istarābādhī*, Beirut: Dār al-Kutub al-ʿIlmīyah, 1985.

Ibn al-Ḥajjāj, Muslim; *Ṣaḥīḥ Muslim*, Riyadh: Bayt al-Afkār ad-Dawlīyah, 1998.

Ibn Ḥanbal ash-Shaybānī, Aḥmad; *Al-Musnad*, Cairo, 1313AH.

Ibn Ḥazm al-Andalusī; *Jamharah al-Ansāb*, Cairo, 1948.

_____; *Ṭawq al-Ḥamāmah fī al-Ulfah wa-l-Ulāf*, www.alkottob.com.

Ibn Hishām, Abū Muḥammad ʿAbd al-Malik; *Sīrah Rasūl Allāh*, Cairo, 1336-1337AH.

Ibn al-ʿImād al-Ḥanbalī, Abū al-Fallāh ʿAbd al-Ḥayy; *Shadharāt adh-Dhahab*, Beirut: Dār al-Fikr, 1994.

Ibn al-Jawzī, Abū al-Faraj ʿAbd ar-Raḥmān bn ʿAlī; *Al-Muntaẓam fī Tārīkh al-Umam wa-l-Mulūk*, Muḥammad ʿAbd al-ādir (ed.), Beirut: Dār al-Kutub al-ʿIlmīyah, 1987.

Ibn Jinnī, Abū al-Fatḥ ʿUthmān; *Al-Khaṣāʾiṣ*, Beirut: Dār al-Hudā li-ṭ-Ṭibāʿah wa an-Nashr (n.d.).

Ibn Kathīr, Ismāʿīl; *Al-Bidāyah wa-n-Nihāyah*, Riyadh: Dār al-ʿĀlam al-Kutub, 2003.

_____; *Qiṣaṣ al-Anbiyāʾ*, Jeddah: al-Makīyah al-Kubrā (n.d.).

Ibn Khaldūn, ʿAbd ar-Raḥmān; *Muqaddimah Ibn Khaldūn*, Beirut: Dār Maktabah al-Hilāl, 1986.

_____; *Tārīkh Ibn Khaldūn*, Beirut: Muʾassasah al-Aʿlamī (n.d.).

Ibn Khallikān, Abū al-ʿAbbās Shams ad-Dīn Aḥmad bn Muḥammad; *Wafayāt al-Aʿyān wa-Anbāʾ az-Zamān*, Iḥsān ʿAbbās (ed.), Beirut: Dār Ṣādir (n.d.).

Ibn Khamīs, ʿAbd Allāh; *Muʿjam al-Yamāmah*, 1978.

Ibn Mājah, Muḥammad bn Yazīd; *Sunan Ibn Mājah*, 2010.

Ibn Manẓūr, Jamāl ad-Dīn Muḥammad; *Lisān al-ʿArab*, Beirut: Dār Ṣādir (n.d.).

Ibn an-Nadīm, Muḥammad bn Isḥāq; *Al-Fihrist*, Teheran, 1971.

Ibn an-Naḥḥās, Abū Jaʿfar Aḥmad; *Sharḥ al-Qaṣāʾd al-Mashhūrāt*, Beirut: Dār al-Kutub al-ʿIlmīyah, 1985.

Ibn Qudāmah, Muwaffaq ad-Dīn ʿAbd Allāh; *Al-Mughnī*, ʿAbd Allāh bn ʿAbd al-Muḥsin (ed.), Cairo: Dār li-ṭ-Ṭibāʿah wa-n-Nashr wa-t-Tawzīʿ wa-l-Iʿlām, 1992.

Ibn Qutaybah, Abū Muḥammad ʿAbd Allāh bn Muslim ad-Dīnawarī; *Adab al-Kātib*, Muḥammad ad-Dālī (ed.), Beirut: Muʾassasah ar-Risālah, 1985.

_____; *Ash-Shiʿr wa-sh-Shuʿarāʾ*, Aḥmad Muḥammad Shākir (ed.), Cairo: Dār al-Ḥadīth,

1998.

______; *'Uyūn al-Akhbār,* Beirut: Dār al-Kitāb al-'Arabī, 1925.

Ibn ar-Rashīq, Abū 'Alī al-Ḥasan; *Al-'Umdah fī Maḥāsin ash-Shi'r wa-Ādābi-hi wa-Naqdi-hi*, Beirut: Dār al-Jīl (n.d.).

Ibn as-Sarrāj, Abū Bakr Muḥammad; *Al-Uṣūl fī an-Naḥw*, 'Abd al-Ḥīn al-Fatlī (ed.), Beirut: Mu'assasah ar-Risālah, 1985.

Ibn ash-Shajarī, *Al-Ḥamāsah ash-Shajarīyah*, 'Abd al-Mu'īn al-Malūḥī (ed.), Damascus, 1970.

Ibn Sinā, Abū 'Alī al-*Ḥ*usayn; *Asbāb Ḥudūth al-Ḥurūf,* Cairo, 1352 AH.

Ibn Sīrīn, *Tafsīr al-Aḥlām,* ahlam.NoorDubai.Tv & Tafserahlam.com, Mktbtk.com, 2017.

Ibn as-Su'ūd, 'Abbās; *Azāhīr al-Fuṣḥā fī Daqā'iq al-Lughah*, Cairo: Dār Ma'ārif, 1970.

Ibn aṭ-Ṭaḥḥān, Abū al-Aṣba' as-Sumātī; *Makhārij Al-Ḥurūf wa Ṣifātu-hā*, Muḥammad Turkistānī (ed.), Beirut, 1984.

Ismā'īl, 'Izz ad-Dīn; *At-Tafsīr an-Nafsī li-l-Adab*, Cairo: Maktabah Gharīb (n.d.).

al-Jāḥiẓ, Abū 'Uthmān 'Amr bn Baḥr; *Al-Bayān wa-t-Tabyīn*, 'Abd as-Salām Harūn & Muḥammad Fātiḥ ad-Dāyah (ed.), Beirut: Dār al-Fikr (n.d.).

______; *Al-Ḥayawān*, 'Abd as-Salām Harūn (ed.), Beirut: Dār al-Jīl, 1988.

______; *Ar-Rasā'il,* 'Abd as-Salām Harūn (ed.), Cairo: Maktabah al-Khānjī, 1964.

al-Jawārī, Aḥmad; *Al-Ḥubb al-'Udhrī Nash'atu-hu wa-Taṭawwuru-hu*, Cairo: Dār al-Kitāb al-'Arabī, 1948.

al-Jazā'irī, Abū Bakr Jābir; *Minhāj al-Muslim*, Casablanca: Dār aṭ-Ṭibā'ah al-Ḥadīthah, 1977.

Jeng, Huey Ysyr; *Khilāf al-Akhfash al-Awsaṭ 'an Sībawayh min Khilāl Shurūḥ al-Kitāb ḥatā Nihāya al-Qarn ar-Rābi' al-Hijrī*, Amman: Maktabah ath-Thaqāfah li-n-Nashr wa at-Tawzī', 1993.

al-Jumaḥī, Muḥammad bn Salām; *Ṭabaqāt Faḥūl ash-Shu'arā',* Beirut: Dār al-Kutub al-'Ilmīyah, 1980.

al-Jundī, Darwīsh; *Ẓāhirah At-Takassub wa-Atharu-hu fī ash-Shi'r al-'Arabī wa-Naqdu-hu*, Cairo: Nahḍah Miṣr, 1969.

Ka'b bn Zuhayr, *Dīwān Ka'b bn Zuhayr*, Mufd Qamīa (ed.), Riyadh: Dār ash-Shawwāf, 1989.

Khāzin, Nasīb; *Min as-Sāmīyīn ilā al-'Arab*, Beirut: Dār Maktabah al-'Ilm li-l-Malāyīn,

1984.

Mahrān, Muḥammad; *Dirāsāt fī Tārīkh al-'Arab al-Qadīm*, Riyadh: al-Imam Muḥammad University, 1980.

al-Maqarrī, Aḥmad bn Muḥammad; *Nafḥ aṭ-Ṭīb min Ghuṣn al-Andalus ar-Raṭīb*, Muḥammad 'Abd al-Ḥamīd (ed.), Beirut: Dār Ṣādir, 1967.

al-Maqdisī, Anīs; *Umarā' ash-Shi'r al-'Arabī fī al-'Aṣr al-'Abbāsī*, Beirut: Dār al-'Ilm li-l-Malāyīn, 1983.

al-Maqdisī, Shams ad-Dīn Muḥammad 'Abd al-Hādi; *Al-Muḥarrar fī al-Ḥadīth*, Muḥammad Samārah & Jamāl adh-Dhahabī (ed.), Beirut: Dār al-Ma'rifah. 1985.

al-Maqrīzī, Abū al-'Abbās Aḥmad; *Al-Mawā'iẓ wa al-I'tibār (Khuṭaṭ al-Maqrīzī)*, Beirut: Dār Ṣādir (n.d.).

al-Mas'ūdī, 'Alī bn al-Ḥusayn; *Murūj adh-Dhahab wa-Ma'ādin al-Jawhar*, Beirut: Dār al-Kutub al-'Ilmīyah, 1986.

al-Mawsū'ah li-n-Nashr wa-t-Tawzī'; *Al-Mawsū'ah al-Arabīyah al-'Ālamīyah*, Riyadh: al-Mawsū'ah li-n-Nashr wa-t-Tawzī', 1999.

al-Mizzī, Jamāl ad-Dīn Abī al-Ḥajjāj; *Tahdhīb al-Kamāl fī Asmā' ar-Rijāl*, Bashshār al-Ma'rūf (ed.), Mu'assasah ar-Risālah, 1983.

al-Maydānī, Abu al-Faḍl; *Majma' al-Amthāl*, Beirut: Dār Ṣādir, 2002.

Mubārak, Zakī; *An-Nathr al-Fannī fī al-Qarn ar-Rābi'*, Cairo: Maṭba'ah Dār al-Kutub al-Miṣrīyah, 1934.

al-Mubarrid, Muḥammad bn Yazīd; *Al-Kāmil*, Muḥammad Aḥmad ad-Dālī (ed.), Beirut: Mu'assasah ar-Risālah, 1993.

Muḥammad, 'Abd al-Fattāḥ; *Minhaj al-Baḥth al-'Ilmī 'Inda al-'Arab al-Muslimīn wa Athruhu fī an-Nahḍah al-Urūbīyah*, Jāmi'ah 'Umar al-Mukhtār.

Muṣṭafā, Ibrāhīm; *Al-Mu'jam al-Wasīṭ*, Beirut: Dār Iḥyā' at-Turāth al-'Arabī (n.d.).

Muṣṭafā, Nādiyah; *Al-Mu'assasīyah fī al-Islām*, Cairo:Dār as-Salām, 2012.

Nāṣif, 'Alī an-Najdī; *Sībawayh Imām an-Nuḥāh*, Cairo: 1979.

Nawwār, 'Abd al-'Azīz; *Tārīkh al-'Arab al-Mu'āṣir — Miṣr wa-l-'Irāq*, Beirut: Dār an-Nahḍah al-'Arabīyah, 1973.

Qabbish, Aḥmad; *Tārīkh ash-Shi'r al-'Arabī al-Ḥadīth*, Beirut: Dār al-Jīl, 1971.

al-Qālī, Abū 'Alī Ismā'īl; *Al-Amālī*, Beirut: Dār al-Kitāb al-'Arabī (n.d.).

al-Qalqashandī, Abū al-'Abbās Aḥmad; *Ṣubḥ al-A'shā fī Ṣinā'ah al-Inshā'*, Cairo: Dār al-

Kutub al-Miṣrīyah, 1922.

al-Qaṭṭ, 'Abd al-Qādir; *Fī ash-Shi'r al-Islāmī wa-l-Umawī*, Beirut: Dār an-Nahḍah al-'Arabīyah, 1979.

al-Qifṭī, Jamāl ad-Din Abū al-Ḥasan 'Alī bn Yūsuf; *Inbāh ar-Ruwāh 'alā Anbāh an-Nuḥāh*, Muḥammad Abū al-Faḍl Ibrāhīm (ed.), Cairo: Dār al-Fikr al-'Arabī (n.d.).

al-Qummī, 'Abbās; *Safīnah al-Biḥār wa-Madīnah al-Ḥikam wa-l-Āthār*, Iran: Dār al-Uswah, 1416H.

al-Qurashī, Abū Zayd Muḥammad; *Jamharah Ash'ār al-'Arab fī al-Jāhilīyah wa-l-Islām*, 'Alī Muḥammad al-Bajāwī (ed.), Cairo (n.d.).

al-Qurṭubī, Muḥammad bn Aḥmad; *Tafsīr al-Qur'ān*, Beirut: Dār al-Fikr (n.d.).

Rawwāy, Salāḥ; *Fiqh al-Lughah wa Khaṣā'iṣ al-'Arabīyah*, Cairo: Maktabah az-Zahrā', 1993.

as-Sabbā'ī, Musṭafā; *Min Rawā'i' Ḥaḍārati-nā*, Amman: Maṭābi' al-Mu'assasah aṣ-Ṣaḥīfah al-Urdunnīyah, 1974.

Sa'd ad-Dīn, Maḥmūd; *Asrār Hadāyā al-'Arab li-Mubārak wa-Khafāyāhā*", Ṭarīq al-Akhbār, http://elakhbar.akhbarway.com/news.asp?c=2&id=84898. (2012/07/15 瀏覽)

as-Sajistānī, Abū Dāwūd; *Sunan Abī Dāwūd*, 'Izzah 'Ubayd ad-Da'ās (ed.), Ḥimṣ: Dār al-Ḥadīth, 1389H.

as-Sajistānī, Abū al-Ḥātim; *Al-Firaq*, Ḥātim Ṣāliḥ aḍ-Ḍāmin (ed.), 'Ālam al-Kutub, 1987.

aṣ-Ṣāliḥ, Ṣubḥī; *Dirāsāt fī Fiqh al-Lughah*, Dār al-'Ilm li-l-Malāyīn, 1960.

Sālim, as-Sayyid 'Abd al-'Azīz; *Tārīkh al-'Arab fī 'Aṣr al-Jāhilīyah*, Beirut: Dār an-Nahḍah al-'Arabīyah (n.d.).

as-Samarā'ī Ibrāhīm; *Al-Taṭawwur al-Lughawī at-Tārīkhī*, Beirut: Dār al-Andalus, 1981.

as-Sam'ānī, 'Abd al-Karīm bn Manṣūr; *Al-Ansāb*, Cairo: Maktabah Ibn Taymīyah (n.d.).

Sayyid, Ayman Fu'ād; *Ad-Dawlah al-Fāṭimīyah fī Miṣr–Tafsīr Jadīd*, Dār al-Miṣrīyah al-Lubnānīyah, 1992.

Shalabī, Aḥmad; *Mawsū'ah at-Tārīkh al-Islāmī*, Cairo: Maktabah an-Nahḍah al-Miṣrīyah, 1990.

Sībawayh, Abū Bishr 'Amr bn 'Uthmān bn Qunbar; *Al-Kitāb*, 'Abd as-Salām Muḥammad Hārūn (ed.), Beirut: 'Ālam al-Kutub (n.d.).

As-Sīrāfī, Abū Sa'īd; *Akhbār an-Naḥawīyīn al-Baṣrīyīn*, Muḥammad Ibrāhīm al-Bannā (ed.), Cairo: Dār al-I'tiṣām, 1985.

as-Sumātī bn aṭ-Ṭaḥḥān, Abū al-Aṣba'; *Makhārij al-Ḥurūf wa Ṣifātuhā*, Muḥammad

Turkistānī (ed.), Beirut, 1984.

as-Suwaydī, Abū al-Fawz; *Sabā'ik adh-Dhahab fī Qabā'il al-'Arab*, Beirut: Dār al-Kutub al-'Ilmīyah, 1986.

as-Suyūṭī, Jamāl ad-Dīn 'Abd ar-Raḥmān; *Bughyah al-Wu'āh fī Ṭabaqāt al-Lughawīyīn wa an-Nuḥāh*, Muḥammad Ibrāhīm (ed.), Cairo: Maṭba'ah 'Īsā al-Bānī al-Ḥalabī, 1964.

______; *Al-Muzhir fī 'Ulūm al-Lughah wa Anwā'ihā*. Beirut: Dār al-Fikr (n.d.).

______; *Tārīkh al-Khulafā'*, Beirut: Dār Ṣādir, 1997.

aṭ-Ṭabarī, Abū Ja'far Muḥammad bn Jarīr; *Tafsīr aṭ-Ṭabarī*, Cairo: Maktabah Muṣṭafā al-Bābī al-Ḥalabī wa-Awlādi-h, 1968.

______; *Tārīkh al-Umam wa-l-Mulūk*, Beirut: Dār al-Kutub al-'Ilmīyah, 1997.

at-Tabrīzī, al-Khaṭīb; *Sharḥ al-Qaṣā'id al-'Ashr*, Fakhr ad-Dīn Qabāwah (ed.), Beirut: Dār al-Āfāq al-Jadīdah, 1980.

______; *Sharḥ Qaṣīdah Ka'b bn Zuhayr Bānat Su'ād*, Karanku (ed.), Beirut: Dār al-Kitāb al-Jadīdah. 1971. http://www.feqhweb.com/vb/t13337.html (2013/3/26 瀏覽)

at-Tall, Ṣafwān; *Taṭawwur al-Ḥurūf al-'Arabīyah*, Amman: Dār ash-Sha'b, 1980.

aṭ-Ṭanṭāwī, Muḥammad; *Nash'ah an-Naḥw*, Cairo: Dār Ma'ārif, 1973.

ath-Tha'ālibī, Abū Manṣūr 'Abd al-Malik; *Yatīmah ad-Dahr fī Maḥāsin al-'Aṣr*, Mufīd Muḥammad Qamīḥa (ed.), Beirut: Dār al-Kutub al-'Ilmīyah, 1983.

______; *Fiqh al-Lughah wa Sirr al-'Arabīyah*, Cairo: Maktabah Muṣṭafā al-Bānī al-Ḥalabī, 1972.

at-Tūnjī, Muḥammad; *Al-Mu'jam al-Mufaṣṣal fī al-Adab*, Beirut: Dār al-Kutub al-'Ilmīyah, 1993.

'Umar, Aḥmad Mukhtār; *Al-Baḥth al-Lughawī 'Inda al-'Arab*, Cairo: 'Ālam al-Kutub, 1997.

______; *Dirāsah aṣ-Ṣawt al-Lughawī*, Cairo: 'Ālam al-Kutub, 1997.

______; *Muḥāḍarāt fī 'Ilm al-Lughah al-Ḥadīth*, Cairo: 'Ālam al-Kutub, 1995.

Wilfansūn, Abū Dhu'ayb; *Tārīkh al-Lughāt as-Sāmīyah*, Beirut: Dār al-Qalam, 1980.

Yāqūt, Shihāb ad-Dīn Abū 'Abd Allāh; *Mu'jam al-Buldān*, Beirut: Dār Iḥyā' at-Turāth al-'Arabī (n.d.).

______; *Mu'jam al-Udabā'*, Beirut: Dār Iḥyā' at-Turāth al-'Arabī.

Zaydān, Jūrjī, *Tārīkh Ādāb al-Lughah al-'Arabīyah*, Maṭba'ah al-Hilāl, 1913.

az-Zayr, Muḥammad bn Ḥasan, *Al-Qiṣaṣ fī al-Ḥadīth an-Nabawī*, Riyadh: Dār al-Madanī,

1985.

az-Ziriklī, Khayr ad-Dīn; *Al-A'lām*, Beirut: Dār al-'Ilm li-l-Malāyīn, 1984.

Ziyāda, Niqūlā; *'Ālam Al-'Arab*, Ḥamad al-Jāsir (ed.), Riyadh: Dār al-Ḥayāh, 1979.

az-Zubaydī, Abū Bakr Muḥammad bn al-Ḥasan; *Laḥn al-'Awwām*, Ramaḍān 'Abd at-Tawwāb (ed.), Cairo, 1964.

______; *Ṭabaqāt an-Naḥawīyīn wa al-Lughawīyīn*, Muḥammad Abū al-Faḍl Ibrāhīm (ed.), Cairo: Dār al-Ma'ārif (n.d.).

az-Zubayrī, Abū 'Abd Allāh; *Nasab Quraysh*, Cairo: Dār al-Ma'ārif (n.d.).

http://www.rcssmideast.org/Article/3753/%D9%85%D9%84%D8%A7%D9%85%D8%AD-%D8%A7%D9%84%D8%B3%D9%8A%D8%A7%D8%B3%D8%A9-%D8%A7%D9%84%D8%AB%D9%82%D8%A7%D9%81%D9%8A%D8%A9-%D8%A8%D8%B9%D8%AF-%D8%B9%D8%A7%D9%85-%D9%85%D9%86-%D8%AD%D9%83%D9%85-%D8%A7%D9%84%D8%B3%D9%8A%D8%B3%D9%8A#.V-GyAYVOLmI (2015/9/21 瀏覽）

http://www.elfagr.org/432354 (2016/3/9 瀏覽）

http://www.ahram.org.eg/News/1056/59/251851/%D9%81%D9%83%D8%B1/%D8%A7%D9%84%D8%B5%D9%86%D8%A7%D8%B9%D8%A7%D8%AA-%D8%A7%D9%84%D8%A5%D8%A8%D8%AF%D8%A7%D8%B9%D9%8A%D8%A9-%D9%88%D8%A7%D9%84%D8%AA%D9%86%D9%85%D9%8A%D8%A9-%D8%A7%D9%84%D8%AB%D9%82%D8%A7%D9%81%D9%8A %D8%A9.aspx (2016/9/21 瀏覽）

http://al-hakawati.net/arabic/Civilizations/35a27.pdf

鄭慧慈，《阿拉伯文學史》，台北：五南，2015。

鄭慧慈，《阿拉伯語言學發展史》，台北：神州，2002。

國家圖書館出版品預行編目(CIP)資料

解讀阿拉伯：咖啡的故鄉．文學的國度 / 鄭慧慈著 .
-- 初版 . -- 臺北市：遠流 , 2017.9
面；公分
ISBN 978-957-32-8084-2（平裝）

1. 風俗 2. 生活方式 3. 阿拉伯民族

538.98 106016540

解讀阿拉伯

咖啡的故鄉．文學的國度

作者——鄭慧慈
總策劃——國立政治大學創新與創造力研究中心
統籌——劉吉軒
執行主編——曾淑正
美術編輯——邱銳致
行銷企劃——叢昌瑜
封面設計—— CC studio

發行人——王榮文
出版發行——遠流出版事業股份有限公司
地址——台北市南昌路二段 81 號 6 樓
電話—— (02) 23926899 傳真—— (02) 23926658
劃撥帳號—— 0189456-1

著作權顧問——蕭雄淋律師
2017 年 9 月 初版一刷
售價——新台幣 360 元

ISBN 978-957-32-8084-2（平裝）
GPN 1010601445

遠流博識網 http://www.ylib.com
E-mail: ylib@ylib.com

本書為教育部補助國立政治大學邁向頂尖大學計畫成果，
著作財產權歸國立政治大學所有